39,80
14,-

Barbara Cottman Becnel

Die zweite Ent-Bindung

Barbara Cottman Becnel

Die zweite Ent-Bindung

Erziehen und loslassen

Patmos Verlag Düsseldorf

Thema: KINDER
herausgegeben von Marion Schweizer

Die Deutsche Bibliothek - CIP Einheitsaufnahme

Becnel, Barbara Cottmann:
Die zweite Ent-Bindung : Erziehen und loslassen
Barabara Cottmann Becnel. Aus dem Amerikan. von Marion Schweizer. –
1. Aufl. – Düsseldorf : Patmos-Verl., 1993
(Thema: Kinder)
Einheitssacht.: The co-dependent parent <dt.>
ISBN 3-491-50004-4

1. Auflage 1992
Aus dem Amerikanischen übersetzt von Marion Schweizer

Umschlag: Hanno Rink
unter Verwendung eines Bildes
von Rita Mühlbauer und Hanno Rink
Gesamtherstellung: Rasch, Bramsche
ISBN 3-491-50004-4

Inhalt

Vorbemerkung

Möglicherweise haben wir vieles gemeinsam, Sie und ich. Mein Vater war ein Spieler, und wenn bei uns die Finanzhaie vor der Tür standen, um seine Schulden einzutreiben, dann habe ich oft gelogen, um ihn zu schützen. Geradezu fanatisch versuchte ich andererseits, den unerreichbaren Maßstäben meiner Mutter zu genügen. Als Erwachsene wurde ich übertrieben ehrgeizig und arbeitssüchtig, indem ich unbewußt versuchte, ihr Wohlwollen zu gewinnen. Ich wurde die Heldin der Familie und die Ersatzmutter meiner jüngeren Schwester, wenn diese mit Mutter Streit hatte. Ich ließ sie bei mir wohnen, kaufte ihr Kleider und gab ihr Geld für ihr Studium. Nicht zuletzt benutzte ich meine Arbeitssucht als Vorwand, um mich vor der Verantwortung für meinen Sohn zu drücken. Als Mutter war ich kaum da, um mich um ihn zu kümmern. Meine Schuldgefühle kompensierte ich dann mit großzügigen Geschenken, versuchte so, mir seine Liebe zu kaufen.

Auch wenn meine Geschichte in den Einzelheiten von Ihrer abweicht, haben wir im Grunde vielleicht doch ähnliche Erfahrungen gemacht. Ich habe mich so verhalten, weil ich es von meinen Eltern so gelernt hatte. Und auch deren Verhalten ging auf ihre Kindheit zurück. Mit anderen Worten: Ich war das Opfer einer nie gelösten Eltern-Kind-Bindung, und meine beiden Eltern litten ebenfalls unter denselben Ablösungsproblemen. Wir alle verhielten uns so, daß wir unwillkürlich den Mangel an Selbstbewußtsein beim jeweils anderen verstärkten.

Für dieses Buch habe ich viele Eltern überall in den Vereinigten Staaten befragt. Ihre Geschichten werden in den Familienportraits der Kapitel drei bis sieben erzählt. Die Aussagen habe ich nicht verändert, daher gibt es vereinzelte Unstimmigkeiten, da nicht alle Familienmitglieder die Dinge – oder auch sich selbst oder einander – im gleichen Licht sahen. Außerdem befindet sich jede der Familien und innerhalb dieser wiederum jedes einzelne Familienmitglied in einer anderen Phase seiner Entwicklung. Daher sollten Sie zunächst jeweils die ganze Geschichte betrachten, bevor Sie ein Urteil fällen, was »wirklich« mit diesen Müttern, Vätern, Töchtern und Söhnen geschehen ist. Danach sollten Sie sich den Fragen am Ende jedes Kapitels stellen. Beantworten Sie diese Fragen für sich, auch wenn sie zunächst scheinbar nichts mit Ihren persönlichen Umständen zu tun haben. Sie werden im Vierphasenprogramm des neunten Kapitels wieder aufgegriffen. Dieses Buch soll Ihnen und Ihrem Kind weiterhelfen. Ihre innere Freiheit hängt untrennbar mit Ihrer Fähigkeit zusammen, Ihr Kind bei seinem Ablösungsprozeß von solchen und ähnlichen Abhängigkeiten zu unterstützen, das heißt, es loszulassen. Dieses Buch will Eltern und Kindern helfen, ihre gegenseitige Abhängigkeit zu erkennen. Es will den Eltern zeigen, daß sie mit ihrem Problem nicht allein sind. Es will demonstrieren, daß jeder loslassen kann und daß sowohl Eltern als auch Kinder vom ersten Augenblick an davon profitieren werden. Sie müssen nur den Mut aufbringen, Ihre Abhängigkeit zu erkennen und zu akzeptieren, und Sie müssen neue, gesunde Gewohnheiten entwickeln, die Sie ihr ganzes Leben lang beibehalten können.

Teil I
Erziehung, die nicht losläßt: Gegenseitige Abhängigkeit

Die meisten von uns sind mehr oder weniger co-abhängige[1] Eltern. Das kommt daher, daß unsere wichtigsten Rollenvorbilder, Mütter und Väter, ebenfalls gegenseitig abhängig waren. Könnte es sein, daß auch Sie gegenseitig abhängige Eltern sind? Sie bekommen in diesem Teil des Buches Hilfestellungen, selbst unterschwellige Symptome der gegenseitigen Abhängigkeit bei sich, bei Ihrem Partner und bei Ihrem Sohn oder Ihrer Tochter zu erkennen. Kapitel eins schildert die Gefahren »guter« Erziehung – beziehungsweise dessen, was oft dafür gehalten wird – und erklärt den Unterschied zwischen »guter« und verantwortlicher Erziehung. Außerdem werden Begleitumstände der gegenseitigen Abhängigkeit untersucht, um zu zeigen, wie sich diese immer weiter fortsetzt. Kapitel zwei beschreibt die unterschwellige Dynamik des gegenseitig abhängigen Familienlebens anhand vier typischer Rollenmuster, auf die Kinder in ihren Familien häufig festgelegt werden: der Held, der Sündenbock, das verlorene Kind und der Clown.

Wie der Begriff schon sagt, sind an einer gegenseitig abhängigen Beziehung immer mindestens zwei Personen beteiligt. Daher spielen vielleicht beide, Sie und Ihr Kind, unbewußt ein unheilvolles Spiel, bei dem der jeweils andere gezwungen ist mitzumachen.

1. Die Eltern – unsere wichtigsten Lehrer

Fast alles, was ich gelernt habe und was nicht aus Büchern stammt, habe ich von meinen Eltern. Einiges davon habe ich freiwillig und dankbar aufgenommen. An manchen »Botschaften« habe ich lange gekaut. Einige habe ich rundweg abgelehnt und nie wieder einen Gedanken daran verschwendet; gegen andere wiederum habe ich ein Leben lang rebelliert. Jahrelang glaubte ich, daß sie alles, was ich von ihnen angenommen habe, bewußt an mich weitergegeben hatten. Und ich glaubte, daß ich ihre Weisheiten aus freien Stücken akzeptierte oder ablehnte. Doch mit den Jahren bemerkte ich etwas, was mich zutiefst erschreckte: In vieler Hinsicht verhielt ich mich genau wie meine Mutter und mein Vater, und dieses Verhalten fand ich keineswegs immer akzeptabel. Ich entdeckte, daß ich dieselben Gewohnheiten hatte wie meine Eltern. Dies zeigte sich vor allem in unserer Selbst-Unsicherheit – wir brauchten das Gefühl, gebraucht zu werden. Mein Sohn war abhängig davon, daß ich ihn in seiner Bedürftigkeit bestätigte, was wiederum *meine* eigene Bedürftigkeit schürte. Solange er sich von mir nicht lösen konnte, war ich zufrieden, obwohl ich gegenüber jedem anderen das Gegenteil behauptete. Meine Eltern hatten sich ganz ähnlich verhalten.

Diese Entdeckung bestürzte mich, da ich nicht wußte, wie diese Übertragung vonstatten gegangen war. Sie beunruhigte mich um so mehr, als meine Eltern mir natürlich keineswegs vorsätzlich Dinge beigebracht hatten, die mir schadeten. Sie hielten sich selbst für gute Eltern. Und doch eiferte ich ihnen als Erwachsene nicht nur im guten, sondern, mehr als ich zugeben wollte, auch im schlechten Sinne nach.

Ich wuchs in einer Mittelschichtsumgebung auf. Mein Vater war

Lastwagenfahrer, meine Mutter Lehrerin. Meine Schwester, mein Bruder und ich waren gut ernährt, gut gekleidet, und wir wohnten in einem Haus in einer hübschen Wohngegend von Philadelphia. Doch unser Familienleben war mehr oder weniger offensichtlich gestört. Zu uns Kindern hatte mein Vater eine deutlich andere Beziehung als zu unserer Mutter. Mit uns war er freundlich und geduldig. Wir konnten mit ihm rechnen, wenn wir all die unsinnigen Geschenke haben wollten, die zu kaufen unsere Mutter sich weigerte. Doch trank er viel, schlug seine Frau und war ein zwanghafter Spieler. Wenn er verlor, borgte er sich Geld von skrupellosen Finanzhaien, um seine Spielschulden zu bezahlen. Diese Finanzhaie fragten nicht nach Sicherheiten, aber sie verlangten hohe Zinsen und rasche Rückzahlung. Wenn Vater nicht bezahlen konnte, schickten sie »Eintreiber«, die zu jeder Tages- und Nachtzeit bei uns an die Türe pochten. Oft war ich diejenige, die sich diesen Kerlen stellte, nachdem Vater mich angewiesen hatte, was ich ihnen über seinen Verbleib erzählen sollte.
Meine Mutter andererseits war das Verantwortungsgefühl und die Ehrbarkeit in Person. Zeitweise arbeitete sie in zwei Jobs, um das Geld zu verdienen, das mein Vater beim Spielen verlor. Sie unterschrieb unsere Zeugnisse und ging zu den Sprechstunden der Lehrer. Sie entschied, wann meine Schwester und ich Lippenstift und Seidenstrümpfe tragen und wann wir abends ausgehen durften. Sie traf alle wichtigen Entscheidungen. Vater hatte zu Hause wenig zu sagen.
Jahre später befragte ich für dieses Buch meinen zweiundzwanzigjährigen Sohn. Ich stellte fest, daß ich als Erwachsene unbewußt meine Beziehungen nach genau demselben Muster gestaltet hatte wie meine Eltern.
Ein Rollenvorbild wirkt eher durch das praktische Beispiel als durch klar ausgesprochene Anweisungen. Wenn ich auf Bitten meines Vaters die Finanzhaie belog, dann vermittelten sich mir einige offensichtliche und viele weniger offensichtliche Botschaften. Eine davon war Inkonsequenz. Jahrelang hatte man

mich gelehrt, ehrlich zu sein. Aber bei meinen Begegnungen mit den Finanzhaien lernte ich, daß Ehrlichkeit keineswegs immer erwünscht ist, besonders was die Angelegenheiten meiner Eltern betraf. Eine subtilere Botschaft hatte mit der Frage zu tun, ob man den Freundlichkeiten anderer trauen konnte. Ich spürte, daß mein Vater von mir Unehrlichkeit als Gegenleistung für die unnützen Geschenke verlangte, die er seinen Kindern regelmäßig machte. Ich schloß daraus, daß Geschenke oft mit Fesseln einhergingen. Ich fürchtete auch, er würde mich nicht mehr lieben, wenn ich mich widersetzte. Dann nämlich legte Vater sofort die Stirn in Falten, bekam einen stoischen Gesichtsausdruck und verstummte. So wurde ich in meinem eigenen Elternhaus von einem Augenblick zum nächsten zu einer Ausgestoßenen.

Das Vorbild meiner Mutter lehrte mich, daß es wichtig ist, alles auszuhalten, auszuharren und sich mit unerfreulichen Situationen abzufinden, selbst wenn diese 25 Jahre dauern wie die Ehe meiner Eltern. Daraus, daß meine Mutter so viel arbeitete, um unseren Lebensstandard zu erhalten, lernte ich, daß hübsche Kleider und ein gut eingerichtetes Heim wichtiger seien als die Zeit, sich um die Kinder zu kümmern.

Später entsprach ich sehr gut dem, was mich meine Eltern »gelehrt« hatten. Das zeigte sich beispielsweise darin, wie meine erste Ehe verlief. Kurze Zeit nachdem wir geheiratet hatten, wurde mein Mann unzufrieden mit dem, was er legal verdienen konnte, und setzte alles daran, schnell – und zum größten Teil illegal – das »große Geld« zu machen. Er nahm auch Drogen, und wenn wir uns stritten, schlug er mich. Eine Zeitlang verließ ich ihn nicht, obwohl ich sehr deprimiert war. In einigen Dingen paßte ich mich ihm sogar an. Zum Beispiel log ich oft seine widerwärtigen Kumpel an, um ihn zu »beschützen«, täuschte meine Familie und meine Freunde über mein tägliches Elend, nur um mein Image zu wahren. Ich arbeitete im öffentlichen Dienst, während mein Mann eine Menge Geld aus illegalen Geschäften anhäufte. Es dauerte Jahre, bis ich nach mehreren gescheiterten

Versuchen endlich den Mut aufbrachte, mich scheiden zu lassen und meine uneingestandene Überzeugung aufzugeben, daß ich ihm beistehen und überleben müsse – egal um welchen Preis.
Das Interview mit meinem Sohn ließ mich weiter in die Vergangenheit blicken. Ich stellte Niederschmetterndes fest: Immer wieder habe ich mich für dieselbe Sorte Männer entschieden wie meine Mutter, und zum größten Teil war ich dieselbe Art von Ehefrau wie sie. Und wir alle waren gegenseitig abhängige Eltern.

Die »guten« Eltern

Wahrscheinlich denken Sie, daß Sie gute Eltern sind. Sie arbeiten hart und geben Ihr Bestes, weil Sie für Ihr Kind das Beste wollen. Aber vielleicht ist Ihnen nicht klar, was es wirklich bedeutet, gute Eltern zu sein. Die Definition ist längst nicht so klar, wie sie aussehen mag. Die fünf wichtigsten Voraussetzungen, die die meisten Menschen »guten« Eltern zuschreiben, sind häufig Symptome gegenseitiger Abhängigkeit:

1. Ich muß meine Kinder kontrollieren.
2. Ich bin meinen Kindern überlegen.
3. Meine Kinder sind mir Dank schuldig.
4. Ich muß eine perfekte Mutter, ein perfekter Vater sein.
5. Meine Kinder sind wichtiger als ich.

Da die meisten von uns mehr oder weniger gegenseitig abhängig sind, sollte es Sie nicht überraschen, wenn Sie sich in einem oder mehreren der folgenden Beispiele wiedererkennen. Der Mut, die Symptome gegenseitiger Abhängigkeit überhaupt zu erkennen, ist bereits der erste Schritt zum Loslassen, damit Ihr Kind die Chance hat, ein gesunder, verantwortungsvoller Mensch, eine wirklich starke, freie Persönlichkeit zu werden.

Ich muß meine Kinder kontrollieren

Viele Mütter und Väter, die überzeugt sind, gute Eltern zu sein, bestehen darauf, ihre Kinder mit eiserner Hand zu kontrollieren. Angesichts der Herausforderungen unserer heutigen Welt – etwa der leichte Zugang zu Drogen und die Verbreitung von Jugendbanden in den Städten – ist es verständlich, daß Eltern jede Bewegung ihres Kindes überwachen wollen. Kontrolle über andere ist jedoch ein klassisches Symptom gegenseitiger Abhängigkeit und hat einige sehr unheilvolle Konsequenzen für das Kind wie für die Eltern. Als Mutter erteilte ich oft Befehle, ohne sie groß zu erklären, und bestand darauf, daß mein Sohn sie befolgte. Ich glaubte, das sei gute Erziehung und ich müsse als weiblicher Haushaltsvorstand Stärke beweisen und meinen Sohn im Griff haben. Außerdem war ich überzeugt, daß jede meiner Entscheidungen richtig war und deshalb nicht in Frage gestellt werden durfte – am wenigsten durch ein Kind. Mein Sohn paßte sich an, indem er seinen Groll mir gegenüber unterdrückte und mir verheimlichte, was in ihm vorging. Manchmal jedoch hieb er wegen irgendeiner geringfügigen Frustration mit der Faust gegen die Wand oder auf meinen Toilettentisch. Nach solchen Ausbrüchen war ich immer völlig konsterniert, da ich sie mir nicht erklären konnte.

Eltern, die glauben, ihren Nachwuchs an die Kandare nehmen zu müssen, geben sich selbst immer recht und sehen ihre Kinder stets im Unrecht. Sie wollen immer gewinnen. Eine mögliche Folge: Das Kind rebelliert. Es führt einen ständigen Krieg gegen seine Eltern, in dem es seinerseits jede Schlacht gewinnen will und sich stets im Recht fühlt.

Einige Kinder reagieren wie mein Sohn: Sie verbergen ihre wahren Gefühle vor den Eltern. Solche Kinder haben oft Angst und suchen nach Möglichkeiten, sich zu rächen. (Mein antiker Toilettentisch hat bis heute einen Riß...) Andere Kinder reagieren wie meine Schwester: Sie geben auf in dem Gefühl, daß das Leben

ungerecht ist. Sie glauben, ihr eigenes Leben nicht in der Hand zu haben. Andere mögliche Symptome sind Tendenzen, Verantwortung zu vermeiden, zu lügen, zu stehlen.
Im Gegensatz dazu sind verantwortungsvolle Eltern davon überzeugt, daß ihre Kinder ihre eigenen Entscheidungen treffen können und daß sie so viele Gelegenheiten dazu haben sollten, wie es ihr Alter zuläßt. Verantwortungsvolle Eltern unterstützen ihr Kind bei seinen Entscheidungen, damit es lernt, Probleme zu lösen. Kinder, die so erzogen wurden, gewinnen an Selbstvertrauen und übernehmen die Verantwortung für das, was sie tun.

Ich bin meinen Kindern überlegen

Mütter und Väter, die sich ihren Kindern überlegen fühlen, zeigen dies meist auf sehr subtile Art und Weise. Sie dominieren sozusagen verdeckt und kontrollieren so das Leben ihrer Kinder. Viele überhäufen die Kinder mit Geschenken und »Großzügigkeiten«, von denen andere Kinder nicht einmal zu träumen wagen. Solche Eltern wollen, daß ihre Kinder mehr haben als sie selbst in ihrer Kindheit hatten. Auf den ersten Blick eine vornehme Motivation. Doch daneben ist noch eine zweite, weniger offensichtliche Motivation im Spiel: Überlegene Eltern überbehüten und verderben ihre Kinder, weil sie sie kontrollieren wollen. Sie drängen sie in die Unterordnung, weil sie ihnen nicht das Rüstzeug mitgeben, für sich selbst zu sorgen. Sie verwehren den Kindern jede Möglichkeit, selbst etwas zu erreichen.
Eine Mutter aus Los Angeles zum Beispiel, mit der ich gesprochen habe, sorgt vollständig für ihre zwanzigjährige Tochter, obwohl diese berufstätig ist und alleine lebt. Die Mutter hat die Wohnung ihrer Tochter neu eingerichtet und es sich zur Aufgabe gemacht, diese sauberzuhalten. Sie kaufte ihr ein Auto und bezahlt die Versicherung. Sie kauft ihr Kleider und bezahlt ihr Reisen bis nach Hawaii. Die Tochter ihrerseits hat praktisch alle

möglichen unzuträglichen Folgeerscheinungen entwickelt. Sie versucht, genausoviel Geld für sich auszugeben wie ihre Mutter, und kauft außerdem zu viele teure Geschenke für ihre Freunde. Auf diese Weise hat die junge Frau einen enormen Schuldenberg angehäuft. Andererseits hat sie das Gefühl, das Leben sei ungerecht und gebe ihr nicht das, was ihre Mutter ihr gibt. Sie ist selten bereit, die Verantwortung für ihr Tun zu übernehmen, und schiebt die Schuld statt dessen andern zu.
Mütter und Väter dagegen, die verantwortungsvoll zu handeln gelernt haben, helfen ihrem Kind, Selbstvertrauen zu entwickeln, indem sie ihm zeigen, daß auch sie auf seine Fähigkeiten vertrauen. Diese Eltern denken, daß sie nicht mehr und nicht weniger wert sind als ihr Nachwuchs; so lernen die Kinder, daß sie den andern und andere ihnen ebenbürtig sind. Solche Eltern begegnen ihren Kindern mit Respekt, unterstützen sie in deren Unabhängigkeitsstreben und erwarten von ihnen, daß sie zum Gelingen des Familienlebens beitragen, indem sie zum Beispiel bestimmte Aufgaben übernehmen. Wenn die Kinder erwachsen sind, sollen sie auf eigenen Beinen stehen.

Meine Kinder schulden mir Dank

Manche Eltern denken, es sei in Ordnung, von ihren Kindern jede Menge Zeit, Geld und Dankbarkeit zu verlangen – schlicht und einfach, weil sie die Eltern sind. Sicher: Die Erziehung eines Kindes erfordert viel Zeit, Geld und Gefühl. In praktisch jeder anderen Art von Beziehung, die so hohe Investitionen an Geld und Energie erfordert, würde mit Sicherheit eine Kosten-Nutzen-Rechnung erstellt, bevor auch nur eine Mark ausgegeben oder eine Träne vergossen würde. Bei Kindern jedoch sind solche Rechnungen nicht anwendbar. Wir werden unseren Kindern nicht gerecht, wenn wir Dankbarkeit erwarten für das, was wir für sie als Eltern tun. Auf diese Weise suggerieren wir ihnen, daß

wir sie mit dem, was wir ihnen geben, an uns binden wollen. Weil sie sich von ihren Eltern ausgebeutet fühlen, lernen Kinder aus solchen Familien, niemandem zu trauen – und sie lernen, ihrerseits andere auszubeuten.
Mein Vater zum Beispiel sagte uns Kindern oft, daß er nur eines von uns erwarte: Respekt. Er sagte: »Alle Eltern haben einen Anspruch auf Respekt, gleichgültig wofür.« Übersetzt bedeutete das: Solange für uns gesorgt wurde, erwartete er Respekt von seinen Kindern, egal wie er sich uns gegenüber benahm. Damit vermittelte er uns die Botschaft, daß Respekt erstens nicht verdient werden muß und zweitens einseitig ist: Wir mußten ihm Respekt entgegenbringen, er uns jedoch nicht.
Gegenseitiger Respekt ist das Leitprinzip verantwortungsvoller Erziehung. Verantwortungsvolle Eltern unterstützen die Gleichberechtigung ihrer Kinder und vermeiden Situationen und Konflikte, die bei ihrem Nachwuchs Schuldgefühle hervorrufen könnten. Kinder aus solchen Familien respektieren ihre Eltern und einander. Sie können mehr Vertrauen haben und müssen andere nicht manipulieren. Und so überrascht es nicht, daß sie bei ihren Mitmenschen beliebter sind.

Ich muß ein perfekter Vater, eine perfekte Mutter sein

Einige Mütter und Väter meinen, gute Eltern seien »perfekte« Eltern. Sie wollen für ihre Kinder das beste Vorbild sein und von ihnen bewundert werden. Doch wer das Unmögliche anstrebt, gräbt sich selbst die tiefsten Fallgruben. Wir alle sind Menschen und daher per definitionem nicht perfekt. Daher drängen sich perfektionistische Eltern selbst in die Verliererrolle: Wie sehr sie sich auch bemühen, sie werden nie perfekt sein. Von ihren Kindern erwarten sie meist die gleiche Perfektion wie von sich selbst. Die Kinder sollen bei Mannschaftsspielen gewinnen, egal ob sie sportliches Talent haben oder nicht. Sie sollen in der Schule die

besten Noten erzielen, egal ob sie solche Zeugnisse überhaupt schaffen können. Solche Eltern sorgen sich oft darum, was andere denken, und sie finden stets irgendwelche Mängel bei ihren Kindern und fast allen, mit denen sie zusammen sind.
Auch ich habe an diesem Perfektionswahn gelitten und eine Menge Zeit damit verbracht, die Unzulänglichkeiten meines Kindes zu tadeln. Als ich vor kurzem wieder einmal an meinem Sohn herummäkelte, da fragte er mich unvermittelt: »Als du so alt warst wie ich, hast du da nie Fehler gemacht?« Kinder perfektionistischer Eltern wachsen auf in dem Gefühl, niemals gut genug zu sein. Sie sind häufig entmutigt, fühlen sich als Versager. Auch ich war lange Zeit deprimiert, weil ich glaubte, nicht mithalten zu können.
Mütter und Väter dagegen, die ihre Kinder auf zuträglichere Weise erziehen, akzeptieren, daß sie Menschen sind, und haben den Mut, Fehler zu machen. Diese Eltern legen an sich und ihre Kinder realistische Maßstäbe an. Sie konzentrieren sich auf ihre Stärken und auf die Stärken ihrer Kinder. Sie sind geduldig und scheren sich weniger um ihr Image. Kinder, die so aufwachsen, lernen, sich auf ihre jeweils nächste Aufgabe zu konzentrieren, statt sich vor Versagen zu fürchten. Fehler begreifen sie eher als Herausforderung. Diese Kinder haben Mut, neue Erfahrungen zu machen, und sie können anderen gegenüber viel toleranter sein.

Meine Kinder sind wichtiger als ich

Ein Freund erzählte mir vor kurzem folgende Geschichte: Sein einundzwanzigjähriger Sohn, der seinen Führerschein wegen Trunkenheit am Steuer verloren hatte, wollte zu einer Versammlung in einem anderen Stadtteil, für die es schon zu spät war. Vorher hatten seine Schwestern auf ihn gewartet, um ihn mitzunehmen, aber er hatte lieber seine Freundin besucht. Nun war er zu

Hause und verlangte, seine Mutter solle ihn zu der Versammlung fahren. Sie war müde und hatte keine Lust, auch ihr Mann wollte nicht, daß sie fuhr. Aber schließlich tyrannisierte ihr Sohn sie derart, daß sie tat, was er wollte. Diese Mutter findet, gute Eltern sollten möglichst alle Bedürfnisse ihrer Kinder befriedigen. »Schließlich«, sagt sie, »haben sie nicht darum gebeten, auf der Welt zu sein, daher sollten wir Eltern alles für sie tun, was wir können.« Sie glaubt, ihre Kinder seien wichtiger als sie selbst. Dieser Gedanke durchdringt unsere gesamte Kultur. Wir alle kennen die Geschichten von Müttern, die hungerten, um ihre Kinder zu ernähren, von Eltern, die ertrunken sind, um ihre Kinder zu retten. Doch wer sich zum Sklaven seines Kindes macht, bringt ihm auch bei, die Rechte anderer zu mißachten. Eltern, die ihrem Kind nichts abschlagen können, zeigen ihm, daß solch egozentrisches Verhalten in Ordnung sei. Wenn Sie Ihrem Kind gegenüber allzu nachsichtig sind und all seinen Launen nachgeben, dann wird das Kind dasselbe bald auch von allen andern Menschen erwarten.

Dieses unsoziale Verhalten führt unter anderem auch dazu, daß solche Kinder leicht mit dem Gesetz in Konflikt geraten, da sie Autoritäten wenig Respekt entgegenbringen und die sofortige Befriedigung ihrer Bedürfnisse erwarten.

Kinder aus Familien mit verantwortungsvollen Eltern verhalten sich sozialer, weil sie gelernt haben, daß alle Menschen, auch die Eltern, wichtig sind. Sie achten ihre Eltern, und die Eltern erwidern diesen Respekt. Verantwortungsvolle Eltern machen sich nicht zu Fußabtretern ihrer Kinder. Sie können auch nein sagen.

Drei Wege zur verantwortungsvollen Elternschaft

Verzweifeln Sie nicht, wenn Sie einige der beschriebenen Fehler gemacht haben. Auch ich habe sie gemacht und mit mir Tausende anderer Mütter und Väter. Dieses Buch konzentriert sich auf drei

Gedankengänge, die Ihnen helfen werden, gegenseitige Abhängigkeit zu erkennen und zu überwinden. Was Sie brauchen, ist für jeden verfügbar: Beharrlichkeit, Kraft und den Mut, Gewohnheiten zu ändern. Diese drei Gedankengänge sind:

1. Eltern müssen verstehen und akzeptieren, daß sie die wichtigsten Rollenvorbilder für ihre Kinder sind.
2. Eltern müssen wissen und akzeptieren, daß die meisten Eltern zu einem gewissen Grad gegenseitig abhängig sind; dann können sie anfangen, ihre eigenen Symptome festzustellen.
3. Eltern müssen verstehen, daß man gegenseitige Abhängigkeit ändern kann, und was diese Veränderung wirklich bedeutet.

Vater oder Mutter sein ist eine komplexe Aufgabe, die mit vielen Einzelfaktoren zusammenhängt. Entsprechend sind diese drei zentralen Punkte auch in diesem Buch miteinander verknüpft und werden sich daher von Zeit zu Zeit überschneiden. Meine eigenen Symptome der gegenseitigen Abhängigkeit zum Beispiel berühren mehrere Kapitel gleichzeitig: Ich war zum einen eine arbeitssüchtige Mutter, die keine Zeit für ihren Sohn hatte. Zum andern war ich aber auch eine tadelnde Mutter, und zum dritten überbehütete ich meinen Sohn, dessen Schulden ich bezahlte und dessen nicht gerade ehrbare Absichten ich gegenüber seinen Freundinnen beschönigte. Man kann mich also nicht »ordentlich« in eine einzige Schublade stecken, und ebenso wird es wohl auch bei Ihnen sein. In den fünf Modellen können Sie wahrscheinlich jeweils einzelne Aspekte Ihrer eigenen Situation wiedererkennen.

Eltern als Rollenvorbilder

Eltern sind die wichtigsten Rollenvorbilder ihrer Kinder. Die Familie ist ein komplexes System, in dem die Entwicklung jedes Mitglieds mit derjenigen aller anderen Mitglieder zusammenhängt – das gilt ganz besonders für die Beziehung zwischen

Eltern und Kindern. Die Familientherapeutin Virginia Satir, die früher beim Mental Research Institute in Palo Alto in Kalifornien arbeitete, erklärt[2]: »Daß Sie an dem Punkt angelangt sind, an dem Sie jetzt stehen, und diejenige Person geworden sind, die Sie jetzt sind, das haben sie einem Lernprozeß zu verdanken, der sich zwischen drei Personen abspielt: Einem männlichen und einem weiblichen Vorfahr und Ihnen selbst. Auch wenn Sie im Augenblick mit keinem Ihrer Vorfahren zusammenleben, so leben Sie doch mit deren Bildern zusammen. Wir wissen auch, daß jedes Kind nur mit den Anlagen seiner Entwicklung auf die Welt kommt und keineswegs mit einem bereits entwickelten Entwurf.«

Satir erklärt weiter, daß die Eltern im Lauf der Zeit diesen Entwurf für das Kind ausarbeiten: »Offensichtlich hängt der Entwurf davon ab, wie die Eltern ihrem Kind die Richtlinien weiterreichen, wie es sich zu entwickeln hat.« Als Eltern sind wir demnach die wichtigsten Architekten des Plans, nach dem das Kind aufwächst. Aus dem Entwurf, den wir für unser Kind ausarbeiten, wird eine psychische Grundlage, die ein Leben lang hält. Dieser Entwurf jedoch basiert auf dem Entwurf, den wir selbst von unseren Eltern erhalten haben, und er kann aus diesem Grund zum Nutzen, aber auch zum Schaden des Kindes sein. Dieses Buch wird Sie immer wieder daran erinnern, wie Ihr Verhalten auch das Verhalten Ihres Kindes prägt.

Sind Sie gegenseitig abhängig?

Oft sind wir unseren Kindern nicht die Rollenvorbilder, die wir gerne wären. Manchmal merken wir, wo wir Fehler gemacht haben, manchmal nicht. Manchmal glauben wir sogar, das Richtige für unsere Kinder zu tun, und finden erst später heraus, daß wir damit genau das provoziert haben, was wir eigentlich vermeiden wollten. In den Kapiteln drei bis sieben werden fünf Modelle von gestörten Familienbeziehungen vorgestellt:

1. Die fordernden Eltern,
2. die tadelnden Eltern,
3. die überbehütenden Eltern,
4. die distanzierten Eltern und
5. die unfähigen Eltern.

Fordernde, diktatorische Eltern vermitteln die Botschaft: »Ich bin der Chef, und du hast mir zu gehorchen.« In diesem Fall versteht das Kind: »Egal was du denkst, tu was ich sage.«

Tadelnde Eltern sind fordernde Eltern, aber darüber hinaus vermitteln sie ihren Kindern die Botschaft: »Du machst alles falsch« – und ihre Kinder glauben ihnen.

Überbehütende Eltern versuchen oft, alles zu kompensieren, was sie in ihrer Kindheit nicht hatten. Erstickende, überbehütende Eltern vermitteln ihren Kindern: »Das kannst du nicht, jedenfalls nicht alleine.«

Distanzierte Eltern stehen für ihre Kinder nicht zur Verfügung, sind anderweitig in Anspruch genommen. Sie können zu krank sein, zu müde oder zu beschäftigt. Weil sie selbst nie wirklich geliebt wurden, fällt es ihnen schwer zu lieben. Ihre Botschaft an die Kinder lautet: »Du bist für mich nicht besonders wichtig.«

Unfähige Eltern sind häufig alkohol- oder drogenabhängig; manchmal mißhandeln oder mißbrauchen sie ihr Kind. Diese Eltern muten ihren Kindern zu, die Rolle von Erwachsenen zu übernehmen, was deren emotionale Kapazitäten übersteigt. Ihre Botschaft an das Kind lautet: »Ich kann dir nicht geben, was du brauchst. Ich bin nicht einmal Herr meiner selbst.«

Lesen Sie diesen Teil des Buches aufmerksam und seien Sie nicht überrascht, wenn Sie sich gelegentlich wiedererkennen. Die meisten von uns sind in gewissem Maß gegenseitig abhängig. Und machen Sie sich keine Vorwürfe, weil Sie sich preisgeben (Selbstbezichtigung ist übrigens auch ein Symptom gegenseitiger Abhängigkeit). Statt dessen sollten Sie sich gratulieren, weil Sie sich den Schleier wegreißen, denn es gehört zur ersten Phase der Besserung, daß Sie die Fähigkeit und den Mut aufbringen, Ihre Symptome gegenseitiger Abhängigkeit zu identifizieren.

Sich selbst verstehen

Zum Glück ist es keine Zauberei, das eigene Verhalten in den Griff zu bekommen. Sie können sich aus gegenseitiger Abhängigkeit befreien, wenn Sie auf eine Quelle bauen, die in jedem von uns selbst liegt – den Mut. Dazu ist es nie zu spät. Steven W. Cawdrey, Direktor einer therapeutischen Schule in Montana, berichtet: »Meiner Erfahrung nach verändert sich das Kind in allen Fällen zusammen mit den Eltern – egal wie alt es ist.« Als Eltern müssen Sie akzeptieren, daß Sie ein Mensch sind und daß Heilung nicht bedeutet, daß sie perfekt geworden sind. Ganz im Gegenteil: Gesunde Familien brauchen nicht perfekt zu sein, nur mutig und weise genug, mit ihren Unzulänglichkeiten zu leben.

2. Die vielen Gesichter der gegenseitigen Abhängigkeit

Gegenseitige Abhängigkeit tritt in vielen Erscheinungsformen auf. In meinem letzten Buch[3] beschrieb ich gegenseitige Abhängigkeit aus der Sicht von Eltern drogenabhängiger Kinder. Solche Eltern ermöglichen ihren Kindern den Drogenmißbrauch – die Mütter und Väter sind sozusagen abhängig von der Drogenabhängigkeit ihrer Kinder. Diese Eltern brauchen das Gefühl, gebraucht zu werden, und indem sie ihre Kinder immer wieder »retten«, ermöglichen sie ihnen den regelmäßigen Drogenkonsum. Sie schreiben ihnen Entschuldigungen für die Schule, sie kommen für Geldstrafen und Prozeßkosten auf und verhindern damit, daß ihr Nachwuchs sich den negativen Konsequenzen der Drogensucht und der Drogenkriminalität stellen muß. Mit dieser Art von »Hilfe« kann das Kind immer weiter Drogen konsumieren.

Doch der Drogenmißbrauch ist nur eines der Symptome. Tatsächlich hat gegenseitige Abhängigkeit viele Gesichter. Allerdings findet sich in jedem einzelnen Fall ein Verhaltensmuster, das geprägt ist von der Abhängigkeit mindestens eines Elternteils von einem Kind, welches unter mangelndem Selbstwertgefühl leidet. Mit anderen Worten: Gegenseitige Abhängigkeit erfordert das Zusammenspiel zwischen einem Elternteil und einem Kind, dessen Verhalten verdeckte oder offene Selbstanklage verrät. Diese Kinder sind unsicher, und ironischerweise sind auch ihre Eltern unsichere Menschen, die versuchen, mit ihrem mangelnden Selbstwertgefühl zurechtzukommen. Um sich kurzfristig besser zu fühlen, versuchen sie, direkt oder indirekt das Leben ihrer Kinder zu kontrollieren, damit ihr Sohn »es einmal besser haben« solle, oder um »den Charakter der Tochter zu formen«.

So oder so stützen sich solche Eltern zeitweise auf den Glauben, sie seien allein schon deshalb wertvolle Menschen, weil ihre Kinder nicht ohne sie leben können.

Gegenseitige Abhängigkeit zwischen Eltern und Kindern ist nicht leicht zu durchschauen, da viele Dinge eine Rolle spielen, die ganz wesentlich zu jeder Kindererziehung dazugehören. Säuglinge zum Beispiel sind natürlich abhängig davon, daß ihre Eltern für sie sorgen. Daher beginnt jede Beziehung zwischen Eltern und Kindern damit, daß die Eltern die Kinder überwachen. Gegenseitige Abhängigkeit entsteht dann, wenn die Eltern diese Rolle nicht nach und nach aufgeben, das Kind loslassen, während es aufwächst. Manchmal konzentriert sich gegenseitige Abhängigkeit auf den »Zwang« des Vaters oder der Mutter, das Kind zu tadeln, und auf den »Zwang« des Kindes, den Erwartungen der Eltern gerecht zu werden. Der betreffende Elternteil nimmt an, das Kind brauche die Kritik, um den rechten Weg zu finden. Mit der Zeit gelangen viele dieser Kinder zu der Überzeugung, daß ihre Eltern recht haben, und im allgemeinen strengen sie sich dann noch mehr an, um ihnen eine Freude zu machen. Das ist jedoch ein aussichtsloses Unterfangen. Solche Söhne und Töchter glauben manchmal ihr ganzes Leben lang, Versager zu sein, ganz gleich, wie erfolgreich sie sind.

Ein weiteres Beispiel für gegenseitige Abhängigkeit sind Eltern, die »für das Kind sorgen«, indem sie ihm praktisch alle Entscheidungen abnehmen. Das Kind wird mit der Zeit zu ängstlich, seine eigenen Entscheidungen zu treffen, und verläßt sich statt dessen lieber auf seine Eltern. Je älter das Kind wird, desto unselbständiger wird es, und viele wünschen, daß die Eltern alles für sie regeln. Diese setzen ihre »Unterstützung« selbst dann noch fort, wenn das Kind bereits erwachsen ist. Auch wenn solche Eltern sich vielleicht beklagen, haben sie in Wahrheit genau das erreicht, was sie wollten: unfähige Kinder, die Unterstützung brauchen und ihren Eltern gestatten, sich für den Rest ihres Lebens in ihre Angelegenheiten einzumischen.

Der gegenseitigen Abhängigkeit zwischen mir und meinem Sohn lagen Schuldgefühle zugrunde. Ich hatte mir selbst hohe berufliche Ziele gesteckt, war viel auf Reisen und arbeitete oft dreizehn Stunden am Tag, um »oben« zu bleiben. Ich tröstete mich damit, daß sich die harte Arbeit auch für meinen Sohn auszahlen werde, da ich ihm dadurch finanziell das »Beste« bieten konnte. Außerdem war ich überzeugt, daß ich ihm mit meiner Arbeitssucht ein gutes Rollenvorbild war, weil er so die harte Arbeit zu ehren lernte und niemals faul sein würde. Kurz, ich glaubte (oder wollte glauben), ich sei nur ihm zuliebe so ehrgeizig.
Als mein Sohn älter wurde, begann mich das Bewußtsein meiner mangelhaften Fürsorge zu quälen. Diese Schuldgefühle kompensierte ich damit, daß ich eine Menge Geld in völlig unangemessene Geschenke für meinen Sohn investierte. Darüber hinaus gab ich Unsummen aus, um ihm aus finanziellen Schwierigkeiten zu helfen – vor allem für Geldstrafen wegen falschen Parkens und anderer Ordnungswidrigkeiten, die zu bezahlen er versäumt hatte. Er ging schließlich davon aus, daß ich immer zur Stelle sein würde, um ihm aus schwierigen Situationen herauszuhelfen. Wir beide waren abhängig von der Bedürftigkeit des andern. Ich mußte meinen Sohn mit nutzlosen Geschenken überhäufen und für seine Parksünden bezahlen, um meine Schuldgefühle zu beschwichtigen.
Meine Absicht damals war durchaus bewundernswert. Doch meine Methoden waren selbstsüchtig, besonders seit ich angefangen hatte, mich aus meiner unangenehmen Lage freizukaufen, statt mich wirklich um meinen Sohn zu kümmern. Daß er im Gegenzug von mir abhängig wurde, war nur eine direkte Reaktion auf mein Verhalten. Er mußte ein Image aufbauen, das es ihm erlaubte, unter seinen Möglichkeiten zu bleiben – ein Ergebnis meiner Methode, echte Fürsorge durch materielle Güter zu ersetzen.
Gegenseitige Abhängigkeit hat also viele Gesichter. Doch läßt sich die ganze Bandbreite gegenseitig abhängigen Verhaltens

zwischen Eltern und Kindern verändern, hin zu einer gesunden Dynamik. Für mich war das größte Hindernis, diesen Zustand nicht mehr zu leugnen. Auch vielen Eltern, die ich interviewt habe, fiel es schwer, sich der Tatsache zu stellen, daß sie bei der Erziehung ihrer Kinder Fehler gemacht hatten. Wenn Sie sich in den aufgeführten Beispielen wiedererkennen, dann ist dies ein eindeutiges Zeichen, daß Sie begonnen haben, sich zu ändern.

Gestörte Familienbeziehungen und die drei Tabus

Vor einigen Jahren brachen mehrere Krisen gleichzeitig über mich herein. Mein Vater war gestorben, meine zweite Ehe gescheitert, und in meinem Beruf war ich vollständig ausgebrannt. Trotz allem gab ich das Bild einer erfolgreichen Karrierefrau ab, die mit beneidenswerter Selbstsicherheit einen Sohn aufzog und das Scheitern ihrer Ehe verarbeitete. Ich war untadelig gekleidet, ehrgeizig, energisch. Ich untermauerte mein Verhalten und das meines Sohnes mit strengen Prinzipien. Doch zu diesen Prinzipien gehörten auch drei Tabus, die für gestörte Familien typisch sind: Nicht sprechen, nicht fühlen, nicht trauen. Nicht sprechen über das, was wirklich in einem selbst oder zwischen den Familienmitgliedern vor sich geht; seine Gefühle nicht zum Ausdruck bringen; und, vor allem, niemandem trauen, weil jeder andere ebenso unehrlich agiert wie man selbst. Ich haßte mein Leben und mir ging es elend schlecht, aber mit irgend jemandem darüber zu sprechen, hätte gegen das Gebot des Schweigens verstoßen. Ich achtete penibel darauf, keine Gefühle zu zeigen. Jeden Morgen bereitete ich mich hinter geschlossenen Fensterläden auf meine Arbeit vor. Meine Schultern hingen herunter, bis ich die Türschwelle überschritt. Da holte ich tief Luft, richtete mich auf, setzte ein Lächeln auf und präsentierte der Welt die schöne Illusion: alles in Ordnung. Ich war charmant, und bei der Arbeit mochten mich alle. Doch wenn ich nach

Hause kam, ging ich sofort zu Bett und zog mir buchstäblich die Decke über den Kopf. Mein Verhalten damals ist typisch für gegenseitige Abhängigkeit: Mein Ich-Bewußtsein war völlig übersteigert, ich mißtraute jedem, log, fällte harsche Urteile und setzte mich von anderen ab, so gut ich konnte. Ich glaubte, ich sei großartig, obwohl ich mich unglücklich fühlte; daß ich andere über mich täuschen konnte, galt mir als Beweis für Übermenschlichkeit. Andererseits traute ich niemandem, weil ich mich in meiner Unehrlichkeit so unwohl fühlte, daß ich Angst hatte, jeder, mit dem ich in Kontakt kam, könnte hinter der Fassade mein wahres Unglück aufdecken.
Abgesehen von geschäftlichen Treffen vermied ich Kontakte mit anderen und verbrachte praktisch all meine Zeit allein zu Hause. Als Mutter lebte ich die meiste Zeit in Angst. Zunächst tadelte ich ständig meinen Sohn, ungerechtfertigterweise, dann schickte ich ihn zu seinem Vater, weil ich mit meinem Leben nicht zu Rande kam. Offen und ehrlich zu sein, hätte bedeutet, mein Innerstes preiszugeben, und ich nahm an, daß mich dann keiner mehr gemocht hätte. Ich habe lange gebraucht, um diese Angst zu überwinden und meine Seele zu entdecken, weil ich diese Gewohnheiten in meiner eigenen Kindheit gelernt hatte.

Es tut weh, quadratische Pfähle in kreisförmige Löcher zu treiben

In gegenseitig abhängigen Eltern-Kind-Beziehungen zeigen Kinder besonders dann Symptome von Störungen, wenn die Eltern ihnen bewußt oder unbewußt Rollen zuweisen, die sie auf ein bestimmtes Verhalten festlegen. Von den Kindern wird erwartet, daß sie diese Rollen übernehmen, egal ob sie mit ihren Talenten und Fähigkeiten oder ihrem Temperament im Einklang stehen oder nicht.
Praktisch alle Eltern haben ein Idealbild ihrer Kinder im Kopf.

Die Familientherapeutin Virginia Satir sagt[4], daß wir diese Idealbilder aus dem schöpfen, was wir selbst nicht erreicht haben, was unsere Eltern falsch gemacht und was sie für uns geplant haben. »Jeder möchte, daß die Wirklichkeit sich seinen Idealen anpaßt, daher wendet jeder Erwachsene sie auf sein Kind an, und vermutlich funktioniert so soziale Vererbung«, schreibt Satir. Die Wirklichkeit jedoch paßt sich nur selten einer Vorstellung an. Satir sagt, daß Symptome dann zutage treten, wenn die »Wirklichkeit die Vorstellungen nicht mehr stützen kann«.

Wird ein Kind beispielsweise in die Rolle des Helden gedrängt, könnten die Folgen unerfreulich werden, wenn diese Vorstellung mit der Realität kollidiert. Das Kind selbst könnte sich weigern, diese Idealrolle zu übernehmen. Es könnte auch zunächst kapitulieren und erst später die Last der Heldenrolle abwerfen. Solange dieses Kind danach strebt, der Held der Familie zu sein, wird sein Geschwister auf andere Weise um Aufmerksamkeit kämpfen: als Sündenbock, der sich gegen jeden Wunsch der Eltern auflehnt. Eine derartige Rollenverteilung findet statt, weil alle Familien Systeme sind, innerhalb derer das Verhalten eines Mitglieds mit dem aller anderen Mitglieder zusammenhängt. Im wesentlichen habe ich mein Rollenverhalten von meiner Mutter, meinem Vater, meiner Schwester und meinem Bruder gelernt. Dies gilt ebenso für meine Geschwister, und ihre Entwicklung beruhte nicht zuletzt darauf, wie ich mich ihnen gegenüber verhielt. Wenn gegenseitig abhängige Eltern die Familie beherrschen, dann bekommen alle die gestörte Beziehung zu spüren und werden davon beeinflußt. Andererseits werden alle Familienmitglieder auch die Veränderung eines Elternteils zum Besseren entsprechend beantworten. Wenn der Vater oder die Mutter aufhören, quadratische Pfähle in runde Löcher zu treiben, indem sie das Kind implizit oder explizit in unpassende Rollen drängen, dann gewinnen dadurch alle an Bewegungsfreiheit.

Daher hat dieses Rollenspiel auch eine positive Seite: Je mehr Symptome das Kind ausagiert, desto besser stehen die Chancen

für die Familie, ihre gestörten Beziehungen zu bearbeiten. Stephen W. Cawdrey, der in seinem therapeutischen Internat in Montana zehn Jahre lang mit gestörten Familien gearbeitet hat, erklärt: »Egal welche Symptome Ihr Kind zeigt: Es hilft der Familie, indem es die gestörten Beziehungen ans Licht bringt.«
Jede Familie mit gestörten Beziehungen verbirgt irgendeinen emotionalen Schmerz oder Kummer und bemüht sich deshalb, die drei Tabus einzuhalten: nicht sprechen, nicht fühlen, nicht trauen. In meiner eigenen Familie wurde die Spielsucht meines Vaters kaum erwähnt, so daß wir Kinder keine Gelegenheit hatten, unseren Kummer darüber loszuwerden. Als Jugendliche begann ich, meinen Groll auszuleben. Diese Reaktion war ein Teil der Rolle, in die mich meine Eltern in meiner Kindheit gedrängt hatten und die mein Elend noch vergrößerte: Ich war der Sündenbock, die Rebellin. Was mein Vater meiner Mutter nicht zu sagen und anzutun wagte, das drängte er mich zu sagen oder zu tun.
Nicht lange, nachdem ich von zu Hause ausgezogen war, übernahm meine Schwester diese Rolle und begann, sich gegen meine Mutter aufzulehnen. Auch sie wurde darin durch meinen Vater ermutigt. Doch nachdem ich einmal von zu Hause weg war, brauchte ich meine Mutter nicht mehr offen zu bekämpfen. So wurde ich zu einer Art weiblichem Superman. Zunächst schien ich dadurch zur Heldin geworden, aber dies war nur eine weitere, subtilere Form der Rebellion – meine Art, über meine Mutter die Nase zu rümpfen, ihr zu zeigen, daß ich ihr immer eine Nasenlänge voraus war.
Viele Jahre später, als ich meine »Rollenspiele« rückhaltlos analysieren konnte, entdeckte ich, daß mein Verhalten immer mit irgendeinem emotionalen Kummer zusammenhing. Tatsächlich sind Kummer und psychischer Schmerz ein wesentlicher Faktor in jeder der vier Rollen, zu denen Kinder aus gegenseitig abhängigen Familien neigen: Der Held, der Sündenbock, das verlorene Kind, der Clown.

Der Held

Auch wenn ich mich dieser Rolle meist nicht gewachsen fühlte, spielte ich als junge Erwachsene die Rolle der Heldin. Ich war arbeitssüchtig, eine Gewinnerin, und eine Mutter, die selten für ihr Kind da war.

Von außen betrachtet scheint es meist, als hätten die Helden der gestörten Familien alles, was man sich wünschen kann. Das typische Heldenkind ist ein Perfektionist, erfolgsorientiert, ehrgeizig und verantwortungsbewußt. Diese Kinder geben sich die größte Mühe, die Familie zusammenzuhalten oder den Familienfrieden zu bewahren. Als sich zum Beispiel meine Mutter von meinem Vater trennte, unterbrach ich mein Promotionsstudium, um zu meinem Vater zu ziehen und ihm zu helfen, die Trennung zu verarbeiten, und um die Familie zu stabilisieren. Im Rückblick wird mir klar, daß dies gar nicht meine Aufgabe war. Aber zu der Rolle, die ich spielte, gehörte es, die Störungen meines Vaters auszuleben, auch seinen Verzicht auf elterliche Autorität. Mein Vater delegierte seine Verantwortung immer sehr schnell auf das älteste Kind im Haus. Zeitweise trug meine Schwester die Last seiner Schwächen, und wenn ich zu Hause war, traf ich familiäre Entscheidungen, die mich überforderten.

Die Heldin spielte ich auch, als ich mich auf meine Examina an der Universität vorbereitete. Ich war wie getrieben von dem Ehrgeiz, Außergewöhnliches zu leisten. Ich besuchte jedes Semester sieben oder acht Vorlesungen und bestand in nur zweieinhalb Jahren mit hervorragenden Leistungen das Examen. Trotzdem hatte ich das Gefühl, nicht gut genug zu sein, auch dies ist typisch für Heldenkinder. Und wie die typische Heldin fühlte ich mich isoliert, einsam und ängstlich. Aber ich schuftete weiter, weil ich dachte, ich könnte so die Anerkennung meiner Eltern gewinnen, und weil ich die Konkurrenz zu meinem Halbbruder empfand, einem Sohn meines Vaters aus der Zeit vor seiner Ehe mit meiner Mutter.

Einige Jahre zuvor hatte ich mehrere Gespräche zwischen meinen Eltern gehört, die sich darum drehten, wer das klügere Kind war und am College besser vorankommen würde – mein Halbbruder oder ich. Mutter verteidigte meine Fähigkeiten gegenüber denen ihres Stiefsohnes. Mein Vater pries die Leistungen, die sein ältester Sohn bereits erbracht hatte, und stellte in Frage, ob ich es überhaupt bis ans College schaffen würde. Immerhin hatte ich schon vor meinem achtzehnten Geburtstag geheiratet, einen Sohn bekommen und meinen Mann verlassen. Kurz nach diesem Gespräch änderte sich meine Rolle vom Sündenbock zur Heldin.

Der Sündenbock

Kinder, die den Sündenbock spielen, verhalten sich trotzig und bösartig. Sie sind die Rebellen der Familie, und bei ihnen ist es am wahrscheinlichsten, daß sie früh schwanger werden, Drogen nehmen oder mit Selbstmord drohen. Im allgemeinen agiert der Sündenbock den Groll aus, der von den Eltern unterdrückt wird. Mein Vater zum Beispiel haßte die dominante Persönlichkeit meiner Mutter. Und er zeigte *mir*, wie ich mich dagegen auflehnen konnte. *Ich* wurde der Kämpfer, der *er* nicht sein wollte.

Wie die meisten Sündenböcke grollte ich meinem Vater ebenso wie meiner Mutter, obwohl wir nach außen die besten Freunde waren. Ich nahm ihm übel, daß ich für ihn die Dreckarbeit übernehmen mußte, und oft hatte ich Schuldgefühle, weil ich meiner Mutter Kummer machte.

Sündenböcke suchen oft noch als Erwachsene ständig Streit. Sie können Probleme am Arbeitsplatz oder in der Beziehung bekommen, weil sie nicht gelernt haben, verträglich mit Autoritäten umzugehen. Auch im Erwachsenenalter versucht ein Sündenbock weiterhin, die Eltern zu erfreuen, indem er die Kämpfe, vor denen der Vater oder die Mutter zurückschrecken, für sie ausficht.Trotz ihres Widerstands sind Sündenböcke eher ängstlich, fühlen sich einsam und isoliert, ähnlich wie ihre heldenhaften Geschwister. Den größten Teil meiner Jugend war ich rebellisch. Es ärgerte mich, daß meine Mutter mich so streng kontrollierte. Und es ärgerte mich, daß mein Vater sich meiner Mutter nicht widersetzte und statt dessen mich benutzte, um mit ihr zu streiten. Wenn ich Prügel bekam, instruierte mich mein Vater, wie ich es Mutter am besten heimzahlen konnte. Er sagte, ich solle nicht weinen, denn »deine Mutter wird es am meisten ärgern, wenn sie nicht sehen kann, daß ihre Strafe dir weh tut.« Als ich älter wurde, ermutigte er mich unterschwellig, die Rebellin oder den Sündenbock zu spielen, während meine jüngere Schwester in die Rolle der Heldin gedrängt wurde. Sie war zehneinhalb Jahre jünger als ich, und ich nahm ihr ihre Existenz übel. Ich glaubte, sie sei hübscher als ich, und war eifersüchtig auf sie. So spielte ich den Sündenbock und sie die Heldin, und das sicherte uns beiden eine Menge Aufmerksamkeit. Nachdem ich als Erwachsene die Rolle der Heldin übernommen hatte, wurde meine Schwester nach kurzer Zeit drogensüchtig und damit zum Sündenbock. Mein Bruder dagegen war sein ganzes Leben lang das verlorene Kind.

Das verlorene Kind

Von außen betrachtet zeigt das verlorene Kind eine falsche Reife: Es hat seine Kindheit verloren. Ein solches Kind ist still und in sich gekehrt, ein Einzelgänger, die meisten würden sagen: schüchtern. Das verlorene Kind wird oft krank oder verletzt sich, um Aufmerksamkeit zu erregen. Und genau das wollen gegenseitig abhängige Eltern, weil in der Familie etwas vor sich geht, was sie nicht zur Kenntnis nehmen wollen. Die Sorge um ein krankes Kind wird zum legitimen Vorwand, um das unangenehmere Thema zu meiden. Außerdem benutzen diese Eltern Schuldkomplexe, um das Kind zu beherrschen, indem sie es immer wieder daran erinnern, wieviel für sein Wohlergehen geopfert wird. Dazu werden diese Kinder verwöhnt und überbehütet. Auch das verlorene Kind fühlt sich als Versager, einsam und ängstlich, und es trägt Kummer und Schuldgefühle mit sich herum. Weil es so sehr behütet wird, fehlen ihm später viele Fertigkeiten zur Bewältigung des Alltags. Mein jüngerer Bruder fällt in diese Kategorie. Er ist das stille, wenig beachtete Mitglied der Familie, auch wenn er durch seine vielen Verletzungen und Unfälle immer wieder für Aufregung und Aufmerksamkeit gesorgt hat. Er litt unter schwerem Asthma und einer Hautkrankheit, die seine Füße manchmal wund werden ließ, brach sich das Nasenbein, als er sein Bett als Trampolin benutzte, vergiftete sich mit Insektengift und zog sich eine Gehirnerschütterung zu, als er auf dem Schulhof stürzte.

Der Clown

Ein Freund von mir, der zwei Kinder hat, behandelt das jüngere als Familienhelden und beklagt sich ständig über die Streiche des anderen. Der ältere Sohn ist hyperaktiv und spielt den Clown, dabei ist er emotional zerbrechlich und hat immer wieder Anfälle von Depressionen. Häufig bringt er merkwürdige Freunde nach Hause und tut fast alles, um Aufmerksamkeit zu erregen. Seine Symptome sind klassisch für die Rolle des Clowns. Der Clown will seine Eltern in Staunen versetzen. Er hat Aggressionen auf einen oder beide Elternteile. Im Gegensatz zu Sündenböcken üben Clownskinder eine verdeckte Form der Rebellion. Auch sie werden unterschwellig vom Vater oder der Mutter ermuntert, Dinge »auszuhecken«, in Wirklichkeit feindselige Aktionen, verschleiert als harmlose Streiche oder Unfälle. Seine komödiantischen Einlagen bringen das Kind jedoch fast immer in Schwierigkeiten und versetzen die Familie in Aufruhr. Kinder, die stets den Clown spielen, haben oft Angst, Kummer und Schuldgefühle. Wie die Sündenbock-Kinder sind die Clowns böse auf einen Elternteil, mit dem sie sich in unausgesprochenem Einverständnis befinden. Sie fühlen sich von ihm benutzt und haben Schuldgefühle dem Elternteil gegenüber, gegen den sie verdeckt rebellieren. Viele Clowns werden als Erwachsene alles verzehrende Alleinunterhalter, die diejenigen ablehnen, die auf ihre Unterhaltung nicht eingehen.

»Mein Kind muß sich ändern«

Vater oder Mutter sein ist die wichtigste »Ausbildung am Arbeitsplatz«, die man machen kann. Die wenigsten von uns sind auf die Erziehungsaufgabe vorbereitet, wenn man einmal von der reinen Säuglingspflege absieht. Statt dessen lernen wir durch die Trial-and-Error-Methode. Trotzdem glauben viele, sie müßten die perfekten Erzieher sein oder zumindest nach außen ein perfektes Bild abgeben. Das ist falsch, aber andererseits ist es auch schwer, sich diesem Anspruch zu entziehen. Mit dem Auftrag, das Beste für das Kind zu tun, sind viele Schuldgefühle verbunden. Aller Augen ruhen auf uns Eltern. Wir hören es von Verwandten, Lehrern, Ärzten und Freunden, wenn sich unsere Kinder schlecht betragen. Von uns Eltern fordern wir das »Ideal« und von unseren Kindern erwarten wir, daß sie uns vor andern nicht blamieren.
Ein Kind, das sich destruktiv verhält, tut dies jedoch nicht in einem Vakuum. Schon der Begriff *gegenseitige* Abhängigkeit sagt, daß an dieser zerstörerischen Dynamik mindestens zwei Personen beteiligt sind. Wenn also das Verhalten Ihres Kindes gestört ist, dann sind Sie daran auf irgendeine Weise beteiligt.

Spieglein, Spieglein, an der Wand...

Wir alle haben bei der Erziehung unserer Kinder Fehler gemacht. Und auch unsere Mütter und Väter haben bei unserer Erziehung Fehler gemacht. Gute Erziehung muß keineswegs perfekt sein. Sie erfordert jedoch unsere Bereitschaft, unsere Schwächen zu erkennen, so daß wir mit ihnen umzugehen lernen. Die meisten gegenseitig abhängigen Eltern sind selbst von gegenseitig abhängigen Eltern erzogen worden, somit fehlen ihnen die Rollenvorbilder für eine gesunde Familienumgebung. Deshalb ist es nicht einfach, unsere eigenen Symptome gegenseitiger Abhängigkeit zu erkennen. Die folgende Liste wurde erstellt von Lehrern des La Puente-Hacienda School Districts in Kalifornien, die Frauen und Männern in den Gefängnissen des Los Angeles County pädagogischen Unterricht geben. Sie beschreibt verbreitete Merkmale von Erwachsenen, die von ihren Eltern in gegenseitiger Abhängigkeit erzogen wurden.

- Ihr Urteil über sich selbst ist gnadenlos.
- Es fällt ihnen schwer, Spaß zu haben.
- Sie nehmen sich selbst sehr ernst.
- Sie haben Probleme mit engen Beziehungen.
- Ihre Reaktion auf Veränderungen, die sie nicht unter Kontrolle haben, ist überzogen.
- Sie suchen ständig nach Beifall und Bestätigung.
- Sie lügen, wenn sie ebensogut die Wahrheit sagen könnten.
- Sie sind extrem loyal, auch wenn die Loyalität offensichtlich unverdient ist.
- Sie sind entweder extrem verantwortungsbewußt oder extrem verantwortungslos.
- Es fällt ihnen schwer, ein Vorhaben von Anfang bis zum Ende durchzustehen.
- Sie sehen in ihrem Verhalten nichts Unnormales, da sie keine Rollenvorbilder haben, die ihnen zeigen, was intakte Interaktion bedeutet.

- Sie sind impulsiv und neigen dazu, sich auf ein bestimmtes Verhalten festzulegen, ohne sich ernsthaft zu fragen, welche Konsequenzen dies hat und ob es Alternativen dazu gibt.
- Sie haben meist das Gefühl, anders zu sein als andere.

Haben Sie sich erkannt? Ich habe mich beim ersten Lesen darin erkannt, und mein erster Impuls war davonzulaufen. Ich grollte meinen Eltern, die zu meiner gegenseitigen Abhängigkeit beigetragen hatten. Ich fragte mich, ob ich mein Verhalten ändern könnte und ob sich das lohnen würde. Der Gedanke, mein Sohn könne eines Tages diese Liste in die Hand bekommen und seinen Groll gegen mich richten, erschütterte mich. Diese Symptome könnten ebenso auch auf ihn zutreffen, wenn er erwachsen würde, falls ich es nicht schaffte, den Kreislauf zu unterbrechen. Haben Sie ähnliche Gefühle, ähnliche Gedanken? Dann haben Sie schon angefangen, an sich zu arbeiten. Aber Sie müssen etwas Geduld aufbringen. Veränderung ist ein langsamer Prozeß. Ihre Fragen und Sorgen werden hier nach und nach zur Sprache kommen, aber die wichtigste Frage möchte ich jetzt gleich beantworten. Durch meine Gespräche mit Familien in ganz Amerika und durch meine eigenen Anstrengungen habe ich eines erfahren: Es ist die Mühe wert.

Teil II
Der geerbte Kummer

Im zweiten Teil dieses Buches lernen Sie fünf Modelle gegenseitiger Abhängigkeit kennen:

1. Die fordernden Eltern;
2. die tadelnden Eltern;
3. die überbehütenden Eltern;
4. die distanzierten Eltern;
5. die unfähigen Eltern.

Nur selten paßt jemand genau in eines dieser Schemata. Dennoch sind die Kategorien nützlich, denn sie zeigen uns, wie unsere Kinder uns sehen. Dadurch wird erkennbar, wie wir die Entwicklung unserer Kinder beeinflussen.

Möglicherweise werden Sie erschrecken, wenn Sie Ihre eigene Situation in dem einen oder anderen Modell wiedererkennen. Aber auch wenn Sie das am liebsten ableugnen würden, sollten Sie offen bleiben und die Übungen am Ende jedes Kapitels machen. Den Sinn und Zweck dieser Übungen werden Sie spätestens im dritten Teil deutlich erkennen: Durch das Aufbrechen alter Gewohnheiten und die Aneignung neuer Strategien können Sie die Beziehung zwischen sich und Ihrem Kind entscheidend verbessern.

3. Die fordernden Eltern

Als Mutter hatte ich eine äußerst rigide Vorstellung davon, wie meiner Meinung nach die Zukunft meines Sohnes auszusehen habe. Ich hatte ein Bild im Kopf, wie er sich kleiden und ausdrücken, was er lesen und mit was für Mädchen er ausgehen sollte. Meine Vorstellungen über seine Zukunft waren von den besten Absichten durchdrungen: Mein einziges Kind sollte ein erfolgreicher junger Mann werden und eine ebenso erfolgreiche junge Frau heiraten. Häufig stellte ich mir vor, daß mein Sohn, ein talentierter Basketballspieler, Profispieler würde, und daß ich im Fernsehen Interviews gab als die Macht hinter den Kulissen, die ihn zu seinen Erfolgen geführt hatte. Ich war sicher, daß mein Sohn sich als intelligenter Wortführer und Vorbild für angehende Profisportler erweisen würde – und mich würden die Eltern im ganzen Land als ideale Mutter bewundern.

Heute betrachte ich meine Motive, die ich damals für selbstlos hielt, mit größerer Skepsis. Natürlich wünschte ich mir, daß mein Sohn Glück und Erfolg haben sollte; aber meine fordernde Erziehung hatte genausoviel mit mir selbst zu tun: mit meinem Wunsch, von seinem Erfolg zu profitieren. Ich sah in meinem Sohn eine Verlängerung meiner selbst. Ich wollte, daß er mein Selbstbewußtsein aufwertete, indem er mehr erreichte als ich – und mich ins Rampenlicht stellte, damit ich schließlich doch noch die Aufmerksamkeit erhielt, nach der ich dürstete.

Durch meine diktatorischen Forderungen machte ich mit meinem Sohn dasselbe, was meine Mutter mit mir gemacht hatte, und leider waren auch die Resultate so ziemlich dieselben. Ich war mit fünfzehn von zu Hause ausgezogen, heiratete und bekam ein Kind. Mein Sohn verließ mit siebzehn die High

School, zog aus und schwängerte zwei Mädchen. Das College besuchte er nur sporadisch. Ich verhielt mich damals ähnlich wie meine Mutter. Und wir beide verhielten uns wie Tausende anderer Eltern, die ihre Kinder dazu bringen wollen, ein in ihren Augen »akzeptables« Leben zu führen.

Meine Schwester hat unsere Erziehung so zusammengefaßt: »Bei uns zu Hause hatten unsere Gefühle nicht die geringste Bedeutung.« Meine Schwester hat noch heute, im Alter von 28 Jahren, nur wenig Selbstachtung. Auch ich hatte Mühe, das Gefühl zu überwinden, daß ich nie gut genug sei. Trotz meiner 39 Jahre stelle ich fest, daß ich viel zu oft die Anerkennung und Bestätigung meiner Mutter suche. Warum? Für Kinder fordernder Eltern sieht die Logik ihrer Gefühle ungefähr so aus: Wenn unsere Mutter von unseren Gedanken und Gefühlen nicht viel hält, dann können diese Gedanken und Gefühle nicht viel wert sein. Und wenn unsere Gedanken und Gefühle nicht viel wert sind, wie kann unsere Mutter uns dann noch lieben? Schließlich: Wenn unsere Mutter uns nicht liebt, was sind wir dann überhaupt noch wert?

»Ich bin der Chef, und du mußt mir gehorchen«

Die typischen, diktatorisch fordernden Eltern vermitteln die Botschaft: »Ich bin der Chef, und du mußt mir gehorchen.« Für das Kind bedeutet das: »Was *du* denkst, spielt keine Rolle, alles läuft so, wie *ich* es will.« Solche Eltern lassen ihren Kindern keine Entscheidungsfreiheit; sie treffen die meisten Entscheidungen für ihre Kinder selbst. Da diese Kinder keine Möglichkeit haben, ihre eigenen Fehler zu machen, können sie wesentliche Fertigkeiten, die sie im Leben brauchen, gar nicht erst erwerben. Die Kinder leben wie in einem Gefängnis. Ebenso wie die Gefängniswärter haben die Eltern immer das letzte Wort. Ein Gefängnisinsasse wird schwerlich glauben, daß der Wärter ihn liebt.

Und es ist kaum aussichtsreicher, Kinder fordernder Eltern davon zu überzeugen, daß ihre Eltern sie lieben. Umgekehrt fällt es auch ihnen schwer, ihre Eltern zu lieben.
Fordernde Eltern verlangen von ihren Kindern Dinge, die manchmal unmöglich zu leisten sind oder zumindest große Opfer an Zeit und Mühe erfordern. Sie wollen, daß ihre Kinder die Helden spielen, und zwar ohne Rücksicht darauf, ob sie dieser Rolle gewachsen sind und ob sie überhaupt Lust dazu haben. Sie treiben die Kinder an, weil sie fürchten, es werde sich auf das Ansehen der Eltern negativ auswirken, wenn die Kinder hinter ihren Zielvorstellungen zurückbleiben. Oft werden die Kinder entweder zu »Fußabtretern« oder zu Rebellen. Ein Kind, das den Anforderungen nicht gerecht werden kann, hat im wesentlichen zwei Möglichkeiten: Entweder es zieht sich schüchtern zurück und verliert seine Kindheit, indem es sich eine falsche Fassade der Erwachsenheit zulegt (wie mein Bruder), dabei in Wirklichkeit aber sehr einsam ist. Oder es wird zum Sündenbock der Familie, voll Trotz und Widerstand, der sich nicht selten etwa in einer frühen Schwangerschaft (wie bei mir), in Medikamenten- oder Drogenabhängigkeit (wie bei meiner Schwester) oder in Selbstmorddrohungen und -versuchen (wie bei mir und meiner Schwester) manifestiert.
Einige der Forderungen meiner Mutter nahmen wir drei im allgemeinen hin, gegen andere jedoch rebellierten wir. Indem ich am College promovierte, erfüllte ich eine der »Bedingungen« meiner Mutter. Andererseits aber wurde ich schon mit sechzehn schwanger, und als ich dreißig war, war ich bereits zum zweitenmal geschieden. An meinem fünfunddreißigsten Geburtstag war ich finanziell ruiniert. Meine Schwester hielt sich bei der Gestaltung ihres Lebens zunächst an die Vorstellungen meiner Mutter, indem sie ans College ging. Doch schließlich flog sie raus ohne einen Abschluß, nahm mehrere Jahre Drogen und ist heute arbeitslos und alleinstehende Mutter eines zweijährigen Sohnes. Mein Bruder, 24, absolvierte die High School, diente einige Jahre

bei der Armee und sicherte sich vor kurzem eine aussichtsreiche Position bei einer großen Firma. Privat sieht es jedoch ganz anders aus. Er ist geschieden, und meine Mutter hat ihn dabei erwischt, wie er eine seiner Freundinnen körperlich mißhandelte.
Eine weitere Reaktion von Kindern auf das fordernde Verhalten ihrer Eltern sind Lügen. Häufig werden diese Kinder geschickte Lügner, weil sie schon früh anfangen, andere zu täuschen. Manche werden so geschickt, daß sie anfangen, ihre eigenen Lügen zu glauben, und den Sinn für die Realität verlieren.
Fordernde Eltern gehen zu weit, wenn sie an ihre Kinder derart rigide Maßstäbe anlegen. Damit tragen sie zu einer schädlichen Dynamik innerhalb der Familie bei, die meist genau das Gegenteil dessen hervorbringt, was die Eltern sich für die Kinder wünschen. Meine Mutter wollte sicher nicht, daß wir Kinder die Fehler machen, die wir gemacht haben. Auch ich wollte nicht zweimal Großmutter werden, bevor mein Sohn das College abgeschlossen hat und ich vierzig geworden bin. Dennoch habe ich an der Zukunft meines Sohnes mitgewirkt, genau wie meine Mutter an meiner.

Unsere Wahrnehmung

Meine Mutter und ich haben unsere Lektion gelernt. Heute verlangt meine Mutter nichts mehr von uns Kindern. Ich treibe meinen Sohn nicht mehr an, um meine Tagträume über meine zukünftige Berühmtheit durch seine berufliche Karriere zu verwirklichen. Und wir achten genau auf Formulierungen in unserer Alltagssprache, die auf gegenseitige Abhängigkeit schließen lassen.
Sind Sie und Ihr Partner fordernde Eltern? Wenn Sie sich darüber noch nicht im Klaren sind, lesen Sie die folgende Liste von Aussagen, die fordernde Eltern ihren Kindern gegenüber machen. Ich habe mich ein wenig gewunden, als ich die Liste zum

erstenmal zu Gesicht bekam. Sie wurde von Lehrern des Hacienda-La Puente School Districts für ihr Erziehungsprogramm erstellt, das sie in den Gefängnissen des Los Angeles County lehren.

- »Nicht jetzt.«
- »Tu es sofort!«
- »Räum sofort dein Zimmer auf!«
- »Weil ich es gesagt habe.«
- »Aus Prinzip. Deshalb.«
- »Nein, weil ich es gesagt habe. Einen anderen Grund brauchst du nicht.«
- »Komm her und tu, was ich dir sage.«
- »Hör auf!«
- »Ich habe gesagt, du sollst das tun, also tu es!«

Wie diese Liste zeigt, wähnen sich fordernde Eltern immer im Recht. In dem Wahn, daß sie per definitionem immer alles richtig machen, verhalten sie sich wie Diktatoren. Sie halten sich für allwissend und unbesiegbar. In Wahrheit sind diese Mütter und Väter jedoch meist eher ängstlich. Sie versuchen, das Leben ihrer Kinder und der Familie zu kontrollieren, um sich sicher zu fühlen. Oft hatten sie selbst eine gestörte Kindheit, in der sie den unberechenbaren Launen rigider oder emotional instabiler Eltern ausgeliefert waren.

Brenda und Chuck, die Eltern im Familienprofil dieses Kapitels, entsprechen diesem Modell. Brendas Mutter konnte nur schwer ihre Gefühle zum Ausdruck bringen. So explodierte sie von Zeit zu Zeit – manchmal unter Anwendung von Gewalt und immer dann, wenn man es am wenigsten erwartete. Chucks Vater hat sowohl Chuck (ein Einzelkind) als auch dessen Mutter sehr rücksichtslos behandelt. Sowohl Brenda als auch Chuck geben zu, daß ihre Kindheit einen Einfluß darauf hatte, wie sie selbst ihre Kinder erzogen. Chuck räumt ein, daß er als Vater von seiner Tochter Amber zuviel verlangt hat, und er spürt, daß Brenda mindestens ebenso fordernd war wie er. Amber rebellierte gegen die Forderungen ihrer Eltern, indem sie mit zwölf Jahren Drogen nahm und sich verstümmelte.

Familienprofil: Brenda, Chuck, Amber und Linda

Chuck, 48, ist Universitätsprofessor und Neurophysiologe. Er erforscht die elektrische Dynamik des epileptischen Gehirns. Zu Hause bedurfte es allerdings drastischer »Nachhilfe« durch seine heute fünfzehnjährige Tochter Amber, bis er auf die gestörte Dynamik in seiner Familie aufmerksam wurde. Seine fünfundvierzigjährige Ehefrau Brenda, die körperbehinderte Kinder unterrichtet, sagt: »Ich verstehe noch immer nicht, was mit Amber geschehen ist, aber ich weiß, wenn sie nicht auffällig geworden wäre, würden wir heute immer noch so weitermachen wie seit zwanzig Jahren.«

Amber war mit zwölf alkohol- und mit dreizehn kokainabhängig. Sie ritzte sich mit Rasierklingen und Sicherheitsnadeln Arme und Beine auf. Ambers Krise war der Anlaß für Brenda und Chuck, die Familienberatung aufzusuchen. In mehreren Sitzungen begannen sie, ihre Erziehungsmuster gegenseitiger Abhängigkeit zu analysieren, die sie zum großen Teil schon von ihren eigenen Eltern erlernt hatten. Brenda und Chuck waren damals seit zweiundzwanzig Jahren verheiratet. Sie wohnen in einem gut situierten Vorort im Süden Kaliforniens. Sie haben noch ein zweites Kind, die siebzehnjährige Linda. Amber sagt, Linda spiele die Heldin, sie selbst den Sündenbock oder die Rebellin.

Brenda »Ich hatte eine stabile Familie, die mich liebte und immer für mich da war«, erinnert sich Brenda. Schattenseiten ihrer Kindheit schreibt sie eher den Fehlern ihrer Mutter zu als denen ihres Vaters. »Meine Mutter war warmherzig, aber unbeständig. Es lag ihr nicht, ihre Gefühle auszudrücken. So war sie oft sehr frustriert.« Brendas Vater war arbeitssüchtig, ein

Unternehmer, der im Lauf seines Lebens mehrere kleine Firmen besaß. Seine Frau mußte mitarbeiten, ob sie wollte oder nicht. Sie erledigte einen Teil seiner Buchhaltung – eine Arbeit, die ihr nicht gefiel – und als Brendas Vater einmal ein Restaurant besaß, half sie als Bedienung aus. Brenda glaubt, daß die Frustration ihrer Mutter auch durch die Emotionslosigkeit ihres Vaters genährt wurde. Ihn beschreibt sie als ruhigen, zurückgezogenen Mann aus Oklahoma, der selten Gefühle zeigte. Sie erklärte sein stoisches Gemüt mit seiner Erziehung: »Als er in der zweiten Klasse war, starb sein Vater. Er mußte die Schule verlassen, um auf seine Schwestern aufzupassen. Seine Mutter heiratete wieder, aber sein Stiefvater konnte ihn nicht leiden. Als seine Mutter krank wurde und merkte, daß es mit ihr zu Ende ging, nahm sie meinen Vater beiseite und sagte zu ihm, es sei besser, wenn er von zu Hause wegginge. Damit stand mein Vater mit seinen dreizehn Jahren alleine da.«
Entsprechend erkennt Brenda, daß das Bedürfnis ihrer Mutter nach emotionaler Nähe ebenfalls aus den Bedingungen ihrer Kindheit erwuchs. Brendas Mutter kam aus einer Familie, deren Mitglieder sich schützend voreinander stellten und die Mutter vergötterten. Der Vater wurde getötet, als die Mutter mit dem zehnten Kind schwanger war; eines der Kinder verhungerte kurz nach der Übersiedlung der Familie von Österreich nach Amerika. Fünf der Töchter haben nie geheiratet und wohnten bei ihrer Mutter, bis diese mit 86 Jahren starb.
Brenda neigt dazu, die Schwächen ihres Vaters herunterzuspielen und die Stärken ihrer Mutter unterzubewerten. Sie bewundert viele Charakterzüge ihres Vaters: »Ich möchte lieber so sein wie er als wie meine Mutter.« Brenda hätte sich gewünscht, daß ihre beiden Eltern »offener und mitteilsamer gewesen wären. Ich glaube, dann hätte ich selbst offener und warmherziger sein können, aber mein Vater hielt nichts davon. Mutter schon, aber nur solange es Familienangelegenheiten betraf. Für sie existierte nichts außer der Familie.« Brenda bedauert auch die Weigerung

ihrer Eltern, Gefühle zu zeigen. »Als ich von zu Hause auszog und ans College ging, hat meine Mutter sehr geweint, wie sie mir aber erst später erzählte. Sie sagte, daß dies die schlimmste Erfahrung gewesen sei, die sie je gemacht habe. Davon hatte ich nichts gewußt. Sie hat sich ihre Gefühle nicht anmerken lassen. Hätte sie es getan, hätte ich selbst es wohl auch besser lernen können.« Von sich sagt Brenda, daß sie »nichts Schmerzhaftes sagen möchte. Es fällt mir schwer zu sagen, daß ich mich geirrt habe, daß ich mich verletzt fühle oder ähnliches.«

Mit Chuck hat Brenda einen Mann gefunden, der ihren Eltern emotional sehr ähnlich ist, besonders ihrem Vater. Chuck zeigt nur ungern Gefühle, insbesondere keinen Ärger. »Chuck kann mit Ärger nicht umgehen, Schluß aus. Er unterdrückt ihn; er wünscht ihn fort, koste es, was es wolle. Wenn man versucht, mit ihm darüber zu sprechen, dann wechselt er einfach das Thema, oder er bringt ihn auf einen Begriff, der nur noch intellektuell, nicht mehr emotional ist.« Brenda gibt zu, daß ihre beiden Töchter durch Chucks und ihre Unfähigkeit, mit Gefühlen umzugehen, Schaden erlitten haben, aber sie ist immer noch verstört davon, daß die Dinge sich für Amber so schrecklich entwickelt haben. »Amber leistet sehr viel Widerstand, wahrscheinlich weil es in unserer Familie nicht akzeptiert wird, wenn jemand seine Gefühle zeigt – und dabei wollte ich immer, daß aus meinen Kindern etwas ganz Besonderes wird. Dennoch«, fügt sie mit einem Zittern in der Stimme hinzu, »irgendwie fällt es mir sehr schwer zu glauben, daß es wirklich so schlimm gewesen sein soll.«

Alles begann mit einem Telefonanruf von einer Mutter, die sie nicht kannten. Diese Mutter klärte sie über Ambers Drogenkonsum auf. Bis zu diesem Anruf, sagt Brenda, habe sie keine Ahnung gehabt, daß Amber Kokain nahm. »Chuck und ich gingen am gleichen Abend mit Amber ins Krankenhaus, um sie untersuchen zu lassen. Als die Tests abgeschlossen waren, sagte Chuck: ›Wir brauchen Hilfe. Ich glaube nicht, daß ich damit umgehen kann.‹«

Brenda und Chuck nahmen Amber von der Schule und brachten sie in ein stationäres Therapiezentrum nach San Diego. Weder Chuck noch Brenda hatten je mit Drogenmißbrauch zu tun gehabt. »Ich glaube, das war der Grund, warum wir so erschüttert waren«, sagt Brenda. Für sie war es eine traumatische Erfahrung. »Ich glaube, daß der Knoten in meinem Magen, der Schmerz, den ich für Amber und mit ihr empfinde, nie mehr verschwinden wird. Die Nacht, in der ich Amber [im Therapiezentrum] alleinlassen mußte, war die schlimmste meines Lebens. Wegzugehen und eine Zwölfjährige mit all diesen fremden Leuten alleinzulassen, verursachte mir Höllenqualen. Ich sah sie immer wieder an und fragte mich, was das alles sollte.« Was sie aus dieser Erfahrung gelernt hat? »Ich glaube, daß meine Erziehung, meine grundlegenden moralischen Regeln für mich selbst gut sind, und ich habe sie nicht geändert. Aber ich habe erkannt, daß ich Amber und Linda ihre Erfahrungen machen und mehr lernen lassen muß, ohne Angst zu haben, was sie tun werden.«
Dennoch, zu den Richtlinien, die Brenda für ihre jüngste Tochter aufgestellt hat, gehören auch folgende: »Ich will wissen, mit wem Amber zusammen ist, ich will wissen, wo sie ist, und ich will, daß sie am Freitag und Samstag abends um Mitternacht zu Hause ist. Ich bin bereit, sie überall hinzufahren – dann weiß ich, wo sie ist und mit wem sie zusammen ist.«
Brenda hat eine Achillesferse: Sie ist längst nicht so unerbittlich wie manche ihrer Bemerkungen glauben machen. »Ich bin überzeugt, daß meine Art der Erziehung richtig ist, aber ich bin nicht überzeugt, daß ich mit Amber umgehen kann. Sie ist eine sehr, sehr starke Persönlichkeit. Sie kann sich alles ein- oder ausreden, was sie will, und ich habe sehr große Mühe dagegenzuhalten. Das macht mir Sorgen, weil ich mich schwer durchsetzen kann. Ich fühle mich nicht stark genug, mit Amber umzugehen.«
Bei der Familienberatung, die zu Ambers Therapie gehört, hat Brenda eine Menge über sich und ihren Mann und ihre Familie gelernt. »Chuck und ich tragen eine Menge unausgesprochenen

Groll mit uns herum. Obwohl wir in den letzten eineinhalb Jahren daran gearbeitet haben – der Groll ist immer noch da. Mir war das alles überhaupt nicht klar.« Zur Zeit versucht Brenda, mehr darüber zu reden, offener zu werden. »Wenn ich mit den Mädchen spreche und das Gefühl habe, daß ich ein Gespräch nicht beendet oder einen Gedanken nicht zu Ende gedacht oder ein Problem nicht aufgearbeitet habe, dann drehe ich mich um und sage ihnen, wie ich mich fühle. Ich glaube nicht, daß ich das jemals zuvor getan habe, und mit Chuck mache ich es immer noch nicht. Aber ich mache es mit den Mädchen.« Fragt man weiter, räumt sie ein, daß ihr Leben zu einem großen Teil eher fremdbestimmt als selbstbestimmt verlaufen ist. »Ich arbeite im Haus statt an mir selbst.« Sie sagt, sie lerne gerade, sich zu ändern: »Von meiner Mutter habe ich mich schon weit entfernt.« Brendas Ehe hat sich ebenfalls verändert, wenn auch nicht nach ihrem Geschmack. »Heute bemerken wir unsere Mißstimmungen. Früher haben wir sie einfach runtergeschluckt, und so schienen sie gar nicht vorhanden.« Heute sehe ich, daß auch Chuck eine Menge Groll mit sich herumträgt, und das hätte ich niemals erfahren. Heute fühle ich mich in unserer Beziehung längst nicht mehr so wohl wie noch vor ein paar Jahren, weil wir heute wahrnehmen, daß es Ärger gibt und Mißstimmungen. Früher hat das alles nicht existiert. Ich weiß nicht genau, worin der Groll besteht oder woher er kommt, denn ich glaube, daß ich im Grunde glücklich gewesen bin. Ich möchte eigentlich nichts ändern. Ich will nicht ohne Chuck leben. Ich will nicht ohne die Familie leben. Ich will überhaupt keine drastischen Veränderungen. Aber ich glaube, daß das letzte und die kommenden paar Jahre wahrscheinlich die schwierigsten in unserem gemeinsamen Leben sein werden.«

Was Ambers Zukunft betrifft, ist Brenda vorsichtig optimistisch. Mit ihren fünfzehn Jahren hat sich Amber gegenüber der Zwölfjährigen, die in ein stationäres Therapiezentrum gebracht werden mußte, sehr verändert. »Wenn Chuck und ich heute sagen: ›Nein, das geht wirklich nicht‹, dann sagt sie: ›Okay.‹« Brenda fügt hinzu: »Amber hat in letzter Zeit keinen Hang mehr zur Selbstzerstörung gezeigt, doch ich habe immer noch das Gefühl, daß sie ein sehr geringes Selbstbewußtsein hat, aber ich glaube nicht, daß sich das von heute auf morgen ändern wird.« – »Sie ist wie ein Chamäleon. Wenn sie mit einer Gruppe Freunde zusammen ist, kleidet sie sich auf bestimmte Art; wenn sie mit andern zusammen ist, kleidet sie sich wieder anders. Und wenn sie mit Verwandten zusammen ist, zieht sie sich völlig anders an. Ich glaube, sie versucht so, akzeptiert zu werden. Sie sagt, sie sei zu dick, obwohl das nicht stimmt. Sie sagt, sie sieht nicht gut aus, aber sie ist sehr schön. Sie sagt, ihre Füße seien häßlich, aber die sind völlig in Ordnung. Wenn ich ihr sage: ›Du siehst gut aus‹, dann sagt sie: ›Nein‹.« Gut findet Brenda, daß Amber inzwischen positiver über ihre Zukunft spricht. »Sie sagt, sie möchte in ihrem Leben etwas Gutes machen, obwohl sie es nicht zu Ende führt. Sie lacht viel, was ich wunderbar finde. Sie singt gern, und das gefällt mir. Sie scheint glücklich zu sein. Sie schneidet sich nicht mehr und sie zeigt eher negative Gefühle wie Groll und Schmerz.«

Zu diesem Zweck hat die Familie eine Institution geschaffen, die sie die »Gefühlsrunde« nennen. Sie treffen sich am Sonntagnachmittag, um sich gegenseitig zu erzählen, wie sie sich fühlen. Jedes Familienmitglied muß mindestens zwei und höchstens fünf Minuten lang etwas sagen. Niemand darf einen andern unterbrechen. Wenn die Runde einmal durch ist und jeder die Möglichkeit hatte zu sprechen, ist die Diskussion offen für jedes Thema. Brenda meint, daß sich dies für die Familie sehr gelohnt habe, auch wenn es manchmal nicht einfach ist, sich die nötige Zeit zu nehmen.

Diese Art, sich mitzuteilen, hat auch Linda geholfen. »Linda schluckt alles runter, alle ihre Gefühle«, sagt Brenda. »Aber heute hat sie ein völlig verändertes Verständnis dafür, daß es auch anderen Menschen schlecht geht, nicht nur ihr, daß andere mit den-

selben Schwierigkeiten zu kämpfen haben wie sie. Ich glaube, sie hat viele Einsichten gewonnen, ist viel erwachsener geworden. Als Amber ausflippte und in die Therapiestation gebracht wurde, saß Linda immer nur da und starrte auf ihre Schularbeiten und drückte sich vor den Abschlußprüfungen.« Heute geht es Linda gut in der Schule und sie hat das volle Vertrauen ihrer Mutter. »Ich bin sehr froh wegen Linda. Ich vertraue ihr. Wir hatten nie Probleme mit ihr.«
Linda jedoch war wütend auf ihre Eltern, als diese darauf bestanden, daß sie die Schule wechselte, als sie während der Krise mit Amber schlechte Zeugnisse bekam. Heute, im Nachhinein und nach den vielen Abenden bei der Familienberatung, gibt Brenda zu, daß sie und Chuck damals voreilig gehandelt hatten. Der Unterschied zwischen ihrer damaligen Reaktion und der Art, wie sie heute handeln würden, ist wahrscheinlich ein guter Maßstab dafür, wie sehr sich Chuck und Brenda weiterentwickelt haben: »Wenn Linda heute Probleme am College hätte, würden wir sie fragen: ›Linda, was möchtest *du* tun?‹«

Chuck »Mein Vater hat mich mit Liebe überschüttet. Er hat mir immer versichert, daß ich sein Augapfel sei«, erklärt Chuck, ein energischer und ernst dreinblickender Mann, der offenbar gern über seine Vergangenheit spricht, auch wenn er nicht ganz sicher ist, ob er alles versteht. »Aber«, fügt er hinzu, »Taten sprechen eine deutlichere Sprache als Worte.« Chucks Vater war »manchmal jähzornig.« In Chucks Wahrnehmung wurden er und seine Mutter – eine stille, passive Frau – von seinem Vater beherrscht und kontrolliert. Der hatte nach der achten Klasse die Schule verlassen und bei der Southern Pacific Railroad gearbeitet. Chuck erinnert sich, daß er von seinem Vater oft angeschrien und beschimpft wurde. Von einem Erlebnis erzählt er mit besonderem Kummer: »Einmal zum Beispiel, ich war noch ziemlich klein, hatte ich zu Weihnachten eine Armbrust mit Pfeilen geschenkt bekommen. Irgendwie habe ich einen der

Pfeile verloren. Da hat Vater zur Strafe die Armbrust in zwei Teile zerbrochen. Ich fühlte mich sehr ungerecht behandelt.« Die Reaktion seiner Mutter: »Sie hat nur zugesehen.«

Dennoch findet Chuck, daß seine Kindheit im wesentlichen gut war, obwohl er feststellt: »Ich glaube, es war eine Kindheit in gegenseitiger Abhängigkeit, und natürlich resultieren meine Kernprobleme aus dem, was ich als Kind von meinen Eltern gelernt habe.« Chuck lernte vor allem von seinem Vater. »Er erteilte die Anweisungen rund um das Haus. Alles hatte auf ganz bestimmte Art und Weise zu geschehen. Vater hatte das Gefühl, wenn ich alles richtig machte, dann werfe das ein gutes Licht auf ihn. So war ich immer der ›gute Junge‹. Aber als ich älter wurde, ärgerte mich das.« Als Chuck alt genug war für die High School, wurde er »der Abhängigkeit überdrüssig, weil ich nicht so leben konnte, wie ich wollte.« Als er ein paar Jahre später auszog, um ans College zu gehen, »war ich fertig und aufgebracht.«

Chucks Beziehung zu seinem Vater glättete sich, als sich bei seinem Vater die Symptome chronischer Leukämie bemerkbar machten. Als die Krankheit des Vaters diagnostiziert wurde, war Chuck elf Jahre alt. Als er starb, war Chuck 26. Als sein Vater immer kränker wurde, bekam Chuck, so erzählt er, immer größere Schuldgefühle ihm gegenüber. »Da ich über zwanzig war und nicht mehr mit ihm zusammen lebte, und da mein Vater krank war, stellte er für mich nicht mehr die Bedrohung dar wie früher. So näherte ich mich ihm wieder an in einem Maß, wie dies seit Jahren nicht mehr der Fall gewesen war. Ich lebte mein eigenes Leben, tat, was ich selber wollte, ohne die Übermacht meines Vaters im Nacken. So wurde ich sanfter und konnte meinem Vater freundlichere Gefühle entgegenbringen.« Dennoch räumt Chuck ein, daß er noch immer mit seinem geringen Selbstwertgefühl zu kämpfen hat, das in seiner Kindheit unter dem rigiden Regiment seines fordernden Vaters entstanden war. Immer noch fällt es ihm schwer, seinen Groll zu zeigen. Heute scheint er froh zu sein, daß es ihm und seiner Familie besser geht, und er freut sich darauf, eines Tages mit sich im reinen zu sein. Als er zum erstenmal Hilfe suchte, war sein Zustand deutlich anders. »Man geht nicht in Therapie, weil man glücklich ist. Ich litt Qualen, weil ich Angst hatte, daß meine Tochter sterben würde.«

Zu Beginn der Therapie hatte Chuck keinen Begriff davon, wie sehr er sich in den folgenden Monaten verändern würde. »Einige Eltern sagten Dinge wie: ›Meinem Kind geht es gut. Sie hat ihre Haare orange gefärbt und sie hängt bei Melrose herum, aber sie nimmt keine Drogen‹, oder: ›Meine Tochter ist recht gut in der Schule, sie schreibt C-Noten[5].‹ Als ich solche Kommentare hörte, dachte ich: Warum lassen die ihre Kinder so etwas tun? Nie würde ich das zulassen. So blöd bin ich nicht. Niemals würde ich mein Kind herausholen [aus dem Drogentherapieprogramm], um so etwas zu machen.‹«

In dieser Zeit saßen Chuck und Brenda bei ihrem ersten Co-Anon-Termin, einer Begleitgruppe für Familienangehörige von Kokainsüchtigen. Auch hier waren er und Brenda empört über das, was sie zu hören bekamen: »Bei dem Co-Anon-Treffen sagten Leute, die mit Drogenabhängigen zusammenlebten, sie hätten gelernt, den Dingen einfach ihren Lauf zu lassen – Abhängige seien selbst verantwortlich für das, was sie tun. Ich dachte, diese Leute sind verrückt. Sie lassen sich von diesen Süchtigen einfach überfahren. Warum tun sie nichts?«

An diesem Punkt des Interviews lacht Chuck über seine früheren Ansichten und fügt hinzu: »Es hat Monate gedauert, bis Brenda und ich dem folgen konnten.« Chuck und Brenda gingen viermal pro Woche zu den Elterntreffen. Trotzdem »hat es lange gedauert und wir mußten mit vielen Menschen sprechen, bis wir verstanden, wie wir unser Verhalten ändern mußten, um Amber und Linda zu helfen.« Chuck hörte sich immer wieder Melody Beatties Tonkassette an, die auf ihrem Buch *Co-Dependent No More*[6] basierte, besonders die Passage über das Loslassen. »Sie sagte, daß man sich vom andern lösen und ihn loslassen muß. Ich versuchte es, und es war ein gutes Gefühl, weil ich anfing, über mich selbst nachzudenken und mich nicht mehr völlig von Amber besetzen ließ.«

Brenda ist unsicher, wie Amber und die Familie in eine so schwere Krise geraten konnten, doch Chuck hat dazu eine ziemlich klare Meinung: Er glaubt, daß Ambers Probleme eine direkte Folge ihrer Erziehung sind. »Ich bin eher passiv, Brenda ist eher aggressiv. Sie ist sehr entschlossen und war mir eine große Hilfe. Wäre sie nicht gewesen, hätte ich vielleicht nie promoviert. Aber gleichzeitig hat sie mich auch nie im Unklaren darüber gelassen, was sie von mir erwartete. Sie hat immer offen gesagt, was ich tun soll. Wir streiten uns oft.«

Obwohl Chuck glaubt, daß »Brenda viel mehr kontrolliert als ich«, gibt er zu, daß sie beide der Vorwurf trifft, sehr stark kontrollierende Eltern gewesen zu sein, die ihre Töchter angetrieben und gezwungen haben, unsinnige Forderungen zu erfüllen. »Wir haben nicht viel miteinander geredet, wir haben einfach gemacht, was uns nötig schien – unsere Mädchen haben keinen Atemzug getan, den wir nicht kontrolliert hätten. Wir haben eine Menge Druck auf sie ausgeübt, damit sie so wurden, wie wir sie haben wollten. Und wir wollten, daß sie Genies würden und ihren Doktor oder Magister machten. Egal wie, die Kinder mußten A-Noten nach Hause bringen, selbst wenn wir dafür ihre Hausaufgaben machen mußten. Zwischen uns beiden herrschte eine synergistische Beziehung, die sich ganz auf die Kinder konzentrierte, und die Folge war, daß ihr Selbstvertrauen gemindert wurde.

Amber und Linda wurden auf Schulen für Hochbegabte geschickt. Eine solche Schule forderte einen IQ von mindestens 130. Eine andere war eine fundamentalistische Baptistenschule, die, laut Chuck, streng und stark hierarchisch gegliedert war. Diese Schule war für Amber besonders gut, glaubt er, weil dort festgestellt wurde, daß sie Konzentrationsstörungen hatte. »Amber kann sich nur schwer an etwas erinnern und sie ist unfähig, sich über längere Zeit auf eine Sache zu konzentrieren«, erklärt Chuck. Die beiden Töchter verließen diese Schule, als Amber in die fünfte Klasse kam. In der siebten Klasse geriet Amber in die Krise, weil es keine Struktur mehr gab und weil sie in die Pubertät kam. Ihre Noten wurden schlechter, und wir übten starken Druck auf sie aus. Aber Amber funktionierte nicht. Sie tat nicht, was sie sollte. Sie schrieb keine A-Noten.«

Was bedeutete ›intensiven Druck ausüben‹? »Wenn man nach Hause kommt, macht man seine Hausaufgaben. Dahinter steckt jedoch, daß man sich nicht von selber hinsetzt und seine Hausaufgaben macht, sondern daß man nach Hause kommt und die Mutter und der Vater einem bei den Hausaufgaben helfen. Eigentlich ist es so, daß sie die Hausaufgaben machen, wenn man nach Hause kommt und bis neun Uhr abends nur Blödsinn macht und immer noch nicht fertig ist und sie am nächsten Tag abgeben muß. Egal wie, aber das Kind muß eine A-Note bekommen, selbst wenn du die Arbeit machen mußt. Das war gegenseitige Abhängigkeit.«

Chuck stand nicht alleine da in seinem Bemühen, die Kinder und damit auch sich selbst gut darzustellen. »Meine Frau hat mich darin *sehr* unterstützt«, sagt er und lacht. Dennoch hat ihre Strategie bei Amber nicht funktioniert, die Probleme wurden immer schlimmer. Sie zogen einen Therapeuten hinzu. Als Amber in der achten Klasse war, gingen Chuck und Brenda, dem Rat des Schultherapeuten folgend, sogar noch einen Schritt weiter. Sie stellten strenge Richtlinien auf, wie Amber sich zu benehmen habe, und drohten klar definierte Strafmaßnahmen an, wenn sie von dem vorgeschriebenen Verhalten abwich. Sie hatten auch bei Ambers Lehrern um Unterstützung nachgesucht – diese mußten wöchentliche Berichte über die Fortschritte ihrer Leistungen abliefern.

Amber reagierte auf die Beschlüsse ihrer Eltern mit mehr und mehr Wut und Widerstand. Der Schulpsychologe empfahl Chuck und Brenda, sich einem Psychiater anzuvertrauen. Der Psychiater behandelte Amber mit Ritalin[7], einem Medikament gegen Konzentrationsschwächen. »Amber nahm sechs Monate lang Ritalin, und ihre Noten wurden besser. Aber es war immer noch hart für sie. Immer noch vergaß sie Dinge. Es fiel ihr auch schwer, daran zu denken, daß sie ihre Medikamente nehmen mußte.«

Dann schlugen der Psychiater und der Schulpsychologe vor, Amber an eine Schule zu versetzen, die einen noch höheren IQ für die Zulassung forderte – mindestens 145. Die Therapeuten hatten das Gefühl, daß die intellektuell anregende Umgebung der Schule Amber wieder zum Lernen motivieren würde. »Kurz nachdem Amber auf diese Schule gewechselt hatte, lernte sie dort einen Freund kennen, der ihr Kokain verkaufte«, erinnert sich Chuck mit einem tiefen, resignierten Seufzer. Ambers Freund, dessen IQ noch höher war als Ambers, war hochintellektuell und wollte Geld machen. Es überrascht nicht, daß sich Ambers Verhalten dramatisch verschlechterte, auch wenn Chuck und Brenda nicht erkannten, daß die Ursache dafür in ihrem Drogenmißbrauch lag. Amber verschwand und trieb sich draußen auf der Straße herum. Ihrer Mutter sagte sie, sie verbringe die Nacht bei einer Freundin. Chuck, der auf einer Geschäftsreise in Washington war, erhielt einen Anruf von Brenda, die völlig außer sich war. »Ich verabschiedete mich aus meiner Besprechung und flog nach Hause. Wir waren damals derart gegenseitig abhängig, daß wir, egal was wir taten, alles stehen und liegen ließen, um auf Ambers Verhalten zu reagieren.«

Kurz nach diesem Vorfall wurde Amber im Aufenthaltsraum der Schule mit Alkohol erwischt. Sie klaute ihrer Mutter Geld aus dem Portemonnaie, um damit Kokain zu bezahlen, und sie wurde eine geschickte Lügnerin. Chuck erinnert sich, wie wütend er war, als er herausfand, daß Amber Drogen nahm. »Ich war wütend auf ihre Lehrer, die Behörde, die Polizei, ich glaubte, es sei die Schuld der Stadt, und ich wollte jeden umbringen. Ich dachte nie daran, daß gestörte Familienbeziehungen die Ursache sein könnten.« Amber war gerade dreizehn geworden, als sie entdeckten, daß sie schwer kokainsüchtig war. »Das hat mich umgehauen. Ich wollte davonlaufen, ich wollte nach Oregon ziehen. Ich war nicht mehr ich selbst.«

Er und Brenda gingen schließlich zu den Familienberatungstreffen der Drogentherapiestation, wo sie sich nach und nach von dem Schock erholten und lernten, mit dem Problem umzugehen. Ein Familienmitglied litt jedoch weiterhin unter der Situation: »Linda war immer der Star gewesen, aber die Turbulenzen um Ambers Person waren hart für sie, und ihre Schulnoten wurden schlechter.« Doch Lindas Noten wurden wieder besser, als Chuck und Brenda erzählten, was sie bei den Elterntreffen über sich selbst herausgefunden hatten. »Sie hörte zu und erkannte, daß sie von uns kontrolliert wurde, und sie begriff, daß es im Leben mehr gab, als Mutter und Vater glücklich zu machen.«

Chuck sagt weiter: »Zum Glück hatten wir genug gelernt in der Therapie, so daß wir ihr die Freiheit lassen konnten, die sie brauchte, um sie selbst zu werden. Linda hat noch vieles zu verarbeiten, aber sie ist auf dem Weg. Sie wird unabhängiger und selbständiger. Ihre Noten sind wieder gut, und sie will ans College. Das ist ihr freier Wille. Ich ermutige sie, aber ich schreibe ihr nicht mehr vor, was sie zu tun hat. Es ist ein anderer Lebensstil, und ich bin nicht von allem begeistert. Beide Zimmer zum Beispiel sehen aus wie Müllhalden, aber das ist ihre eigene Angelegenheit.« Chuck verhält sich heute weniger fordernd und viel toleranter, er erlaubt seinen Töchtern, ihre eigenen Entscheidungen zu treffen und deren Konsequenzen zu tragen.

Amber Amber, fünfzehn Jahre alt, teilt ihr Leben in zwei Phasen ein: vor ihrem Absturz und danach. Als Absturz bezeichnet sie ihre Phase der Selbstzerstörung, als sie zwölf war, Alkohol trank und Kokain nahm. Sie beschreibt, wie ihr Vater sich verändert hat: »Bevor ich abgestürzt bin, war er immer guter Laune. Ich habe wirklich ein paar gute Erinnerungen an ihn. Ich erinnere mich daran, wie er manchmal an seinem

Wagen arbeitete. Dann gingen wir zusammen hinaus zur Garage, hörten Radio und redeten über alles mögliche. Nach meinem Absturz arbeitete er mehr, blieb länger weg, kam später nach Hause. Meine Mutter ärgerte sich darüber und machte ihm Vorwürfe.«

Nach Ambers Worten war Brenda immer der unbeständigere Elternteil. »Meine Mutter war gestreßter, eher – ich sag das nicht gerne – überstreng. Vater hat immer versucht, mich oder Mutter zu beruhigen, aber sie hat dauernd rumgeschrien.« Amber erkennt auch Brendas Großzügigkeit, obwohl deren Hang, Geschenke zu machen, ihr oft unangenehm war. »Sie hat für mich immer getan, was ihr möglich war, hat mir eine Menge Sachen gekauft. Es gefiel ihr, wenn ich die Sachen trug. Ich weiß nicht, ob das ein Versuch war, mich so hinzubiegen, wie sie mich haben wollte oder was, aber es war mir unangenehm, wenn sie mir etwas schenken wollte, was mir nicht gefiel. Ich hatte Angst, sie zu verletzen, wenn ich ihr die Wahrheit sagte.«

Trotz der Fehler ihrer Eltern findet Amber, daß ihre Erziehung gut war. »Sie haben mich Werte gelehrt. Ich glaube wirklich, daß sie mich gut erzogen haben. Ich weiß nicht, warum ich angefangen habe, Drogen zu nehmen. Es war nicht wegen irgendeines Gruppenzwangs. Ich ging einfach zu jemandem hin und sagte ihm, ich wolle ein Gramm Coke kaufen, weil es mir schlecht ging. Ich war dauernd deprimiert. Richtig depressiv.«

Erst weiß Amber nicht, warum sie so depressiv wurde. Aber nachdem sie einen Augenblick lang nachgedacht hat, erzählt sie eine schauerliche Geschichte. So, glaubt sie, habe alles angefangen: »Es fing an, als ich in der sechsten Klasse war. Mein Vater hat mich schwer unter Druck gesetzt wegen der Schule. Ich hatte das Gefühl, daß ich ihm nicht gut genug war. Ich hatte immer dieses Gefühl, daß er mich mehr lieben würde, wenn ich besser wäre, wenn ich die Beste wäre anstatt nur die Zweitbeste, wenn ich mehr erreichen würde. Mutter schrie mich an und sagte mir, ich sei der egoistischste Mensch, den sie kenne. Das sagt sie immer noch. Ich fühlte mich ungeliebt, und all diese Gefühle klumpten sich in meinem Innern zusammen. Ich hatte wirklich Angst, verrückt zu werden. Oft saß ich einfach da und starrte irgendwas an. In meinem Kopf saß jemand, der mir sagte, was ich tun sollte. Dieser Jemand bestrafte mich und sagte, ich sollte mich schneiden. Manchmal sagte dieser Jemand zu mir: Du verdienst nicht mal einen Scheißdreck. Du bist ein Stück Scheiße.« Zu oft folgte Amber dem Rat des »Jemand« in ihrem Kopf und benutzte eine Rasierklinge oder eine Sicherheitsnadel, um sich Worte wie »Scheiß Leben« in die Beine zu ritzen. Viermal hat sie sich die Handgelenke aufgeschlitzt. Einmal erwischte sie ihr Vater bei ihrer Selbstverstümmelung. Das war das einzige Mal, daß er körperliche Gewalt ausübte, um sie zu disziplinieren. »Mein Vater hat mich nie angefaßt, außer diesem einen Mal, als ich mir das Handgelenk aufgeschnitten hatte, und ich versuchte, mich von ihm loszureißen. Ich hab ihm zweimal in die Eier getreten, aber er ließ mich nicht los. Er fragte dauernd: ›Amber, was geht hier vor?‹ und er heulte fast.« Damals fing Amber an, Kokain und Marihuana zu nehmen und Alkohol zu trinken. Doch sie sagt, ihr Drogenmißbrauch habe nichts damit zu tun, daß sie diesen »Jemand« hörte, denn sie erinnert sich, daß sie in diesen Momenten nicht high war. Ihre Eltern jedoch waren sich nicht so sicher, daß es da keine Verbindung gab. Abgesehen von dieser Sorge waren sie schockiert von allem, was passierte, und deshalb suchten sie Hilfe von außen.

»Meine Eltern brachten mich zu ungefähr neun verschiedenen Psychiatern, um mich wieder hinzukriegen, als ich Drogen nahm.« Einen Wendepunkt erlebte sie bei ihrem achtmonatigen Aufenthalt im Sankt-Josephs-Krankenhaus in Los Angeles, einer stationären Drogentherapieeinrichtung, bei der alle Familienmitglieder in den Therapieprozeß mit einbezogen werden. Nachdem man ihr erlaubt hatte, die Einrichtung kurzzeitig zu verlassen, fiel der Drogentest bei ihrer Rückkehr positiv aus – doch sie sagt entschieden, daß sie keine Drogen genommen hatte. Sie wurde dennoch bestraft. »Darüber war ich so sauer, daß ich eine Woche lang gezittert habe. Aber nach diesem Vorfall legte ich mir ehrlich Rechenschaft ab über viele meiner Gefühle. Für mich wurde das ein Wendepunkt, weil ich früher, als ich zum erstenmal zur Sankt-Josephs-Therapie ging, viel gelogen habe, was meine Gefühle betraf.«

Amber betont, daß bestimmte Gefühle bei ihr zu Hause als nicht »akzeptabel« galten, bevor die Familie zur Beratung ging. »Wütend zu sein, wurde in unserer Familie nicht akzeptiert. Mein Vater sagte immer: ›Reg dich nicht auf.‹« Dennoch war Amber Zeugin mehrerer Auseinandersetzungen zwischen ihren Eltern, und viele davon drehten sich um sie. All das machte sie ängstlich und wütend gleichzeitig. »Ich bekam Angst, wenn meine Eltern sich stritten, und das machte mich wiederum wütend. Ich wurde wütend, wenn ich nicht bekam, was ich wollte. Und ich spürte Angst und Wut, wenn meine Mutter sich aufregte und mit irgendwelchen Sachen nach mir warf. Einmal riß sie das Telefonkabel aus der Wand, weil ich zu lange mit einem Freund telefonierte und nicht gleich aufgelegt habe, als sie sagte, ich solle mich verabschieden.« Die Familiendynamik hat sich für alle Betroffenen verbessert, seit Amber vor drei Jahren in Therapie ging. »Ich habe mich immer vor meinen Eltern versteckt, auch schon bevor ich Drogen genommen habe. Ich fand Plätze im Haus, wo sie mich nur schwer finden konnten, und ich starrte oft lange ohne ein Wort ins Leere. Heute fühle ich mich zu Hause viel geborgener. Früher habe ich sie nicht geliebt. Ich hatte das Gefühl, sie nicht lieben zu können. Aber ich habe gelernt, daß auch meine Eltern Gefühle haben. Ich habe gelernt, daß es nichts Schlechtes ist, wenn man wütend oder verletzt ist. Es kommt darauf an, was man mit seinen Gefühlen anfängt. Heute bin ich viel mehr ich selbst, nicht mehr so sehr ihr Kunstprodukt.«

Amber weiß, daß es in ihrer Familie noch eine Menge zu tun gibt, besonders was ihre ältere Schwester betrifft. »Ich hatte immer

Angst um sie, weil sie nicht redet, nicht nur über ihre Gefühle, sondern überhaupt.« Bei der Familienberatung stellte Linda sich immer vor mit den Worten: »Hallo, ich bin Linda, und ich bin in Ordnung«, selbst wenn die Familie am Tiefpunkt einer schweren Krise angelangt war. Wenn Amber sie fragte, wie es ihr ging, hatte sie immer dieselbe Antwort auf Lager: »Cool, mach dir keine Sorgen um mich.« Amber fühlt sich Linda gegenüber immer noch hilflos. Sie weiß nicht, wie sie ihr helfen kann, mit ihren unterdrückten Gefühlen umzugehen.

Amber beobachtet sich weiterhin auch selbst und ist nicht immer zufrieden. »Seit Mitte der sechsten Klasse war ich nie ohne einen Freund, ich glaube, das ist, weil die mir sagen, daß ich gut sei.« Sie findet es nicht gut, daß sie diese Bestätigung von außen braucht. Und es fällt ihr immer noch schwer, ihren Ärger nach außen zu zeigen. »Ich verhalte mich passiv gegenüber meiner Mutter. Ich sage ›okay‹, wenn sie versucht, mich zu irgend etwas zu bewegen, was ich gar nicht will, und was ich dann hinterher auch nicht tue.«

Ein solches Verhalten ist typisch für Kinder von fordernden Eltern. Amber rebelliert immer noch gegen ihre Eltern.

Sie räumt ein, daß sie wegen ihrer Schulnoten in einen Machtkampf mit ihrer Mutter verwickelt ist. »Ich schreibe extra schlechte Klassenarbeiten, weil ich weiß, daß es meiner Mutter etwas ausmacht, und sie kann nichts dagegen tun, wenn ich nicht gut bin.« Amber weiß, daß sie sich damit auf Dauer selbst mehr schadet als ihrer Mutter, aber sie spielt das Spiel trotzdem weiter, ohne es beenden zu können. Im großen und ganzen jedoch fühlt sich Amber besser denn je. »Ich hab mich immer gefragt, wer ich eigentlich bin. Langsam komme ich dahinter.«

Linda Die siebzehnjährige Linda ist schüchtern, zurückhaltend und spricht im allgemeinen sehr wenig. »Ich werde sehr leicht verlegen.« Doch sie wird lebhaft, wenn sie über ihre Eltern und ihre Schwester spricht. »Ich mochte sie nicht

[Brenda und Chuck], besonders Mutter nicht [als Amber Drogen nahm]. Ich hatte das Gefühl, ich könne mit Mutter nicht reden. Sie hörte meistens gar nicht, was ich zu sagen hatte.«

Trotz dieser Kritik findet Linda, daß ihre Kindheit »ziemlich glücklich« gewesen sei. Ihre schlechten Erinnerungen kreisen vor allem um Amber, weniger um sich selbst. »Meine Mutter wurde ständig böse auf meine Schwester. Sie wurde zornig und schlug sie, später bereute sie es und entschuldigte sich. Sie entschuldigte sich häufig.« Linda überlegt: »Vielleicht haben Mutter und Vater von Amber mehr erwartet als von mir.«

Linda geriet jedoch mit ihrer Schwester überkreuz, als sie herausfand, daß Amber Drogen nahm. »Ich hatte nie gewußt, daß sie Drogen nahm. Ich fühlte mich ziemlich getäuscht. Normalerweise hat Amber mir alles erzählt, was sie tat.«

Heute ist ihr Leben, ihre Ausbildung ebenso wie ihr Heim, im Aufschwung begriffen.

Linda bereitet sich auf das College vor; Amber ist, nach Lindas Worten, erwachsener geworden. Und Brenda und Chuck »schreien uns nicht mehr an. Sie sind heute keine wirklich strengen Eltern mehr. Irgendwie sind wir verdorben.«

Nachbemerkung

Diese Familie paßt in vieler Hinsicht in das klassische Modell der fordernden Eltern. Fordernde Eltern treiben und stacheln ihre Kinder an und setzen sie unter Druck, die Heldenrolle zu übernehmen. So bestanden Brenda und Chuck darauf, daß Amber und Linda Schulen besuchten, die den intelligentesten Kindern der Gemeinde vorbehalten waren, selbst wenn das bedeutete, daß die Eltern die Hausaufgaben machen mußten, um sicherzustellen, daß die Zeugnisse lauter A-Noten enthielten. Solche diktatorischen Erziehungsmethoden zeitigten Ergebnisse, die mehr oder weniger vorhersehbar waren: zwei Kinder, die mit dem

Gefühl belastet sind, nie gut genug zu sein, weil ihnen nur selten erlaubt wurde, ihre eigene Meinung und ihre Persönlichkeit zu äußern, und die zweierlei Symptome zeigen: die des Fußabtreters und die des Rebellen – eine klassische Folge des fordernden Erziehungsstils. Amber wurde zum Sündenbock der Familie und zur Rebellin, indem sie ihren Ärger und ihre Frustrationen durch Drogenmißbrauch und Selbstverstümmelung äußerte. Die Familienheldin, Linda, paßt auch in das Bild des verlorenen Kindes. Auch wenn sie weitgehend gut war in der Schule und wenig Probleme machte, ist Linda doch sehr schüchtern, hat wenig Freunde und ist die meiste Zeit allein. Mehr noch, wie Chuck beschreibt: »Linda hat keine Selbstachtung. Sie traut sich Dinge nicht zu, die sie durchaus kann.« Und ihre Schwester sagt, Linda spreche nicht über schmerzliche Gefühle. Zu oft sagt Linda, es gehe ihr gut, wobei es schwer zu glauben ist, daß das stimmt, berichtet Amber.

Brenda leugnet den Ursprung und das Ausmaß ihrer gegenseitigen Abhängigkeit. Doch die übrigen Familienmitglieder konfrontieren Brenda nicht immer mit ihrer Meinung über deren Verhalten. Bei meinen Gesprächen wurde ich mehrmals gebeten, bestimmte Kommentare über Brenda nicht zu verwenden, aus Angst, es würde sie zu sehr aufregen. Hier scheint es also ein geheimes Einverständnis zu geben, andern gegenüber Brendas Selbstbild zu decken. Deshalb verläuft der Regenerationsprozeß in dieser Familie nicht gleichmäßig, er wird gehemmt durch Brendas Leugnung und die Weigerung der Familie, sie offen damit zu konfrontieren.

Aus den Gesprächen mit dieser und anderen Familien für dieses Buch habe ich gelernt, daß Eltern ebensosehr Opfer einer Erziehung in gegenseitiger Abhängigkeit sind wie ihre Kinder. Fast immer hatten die Mütter und Väter mit denselben Problemen zu kämpfen, die ihre Kinder jetzt für sich klären müssen. Ebenso wie Brenda die Unbeständigkeit ihrer Mutter monierte, sind ihre Töchter mit Brendas emotionalem Auf und Ab unglücklich.

Ebenso wie Chuck gegen den fordernden Erziehungsstil seines Vaters kämpfte und später gegen ihn rebellierte, so hat sich Amber gegen das diktatorische Verhalten ihrer Mutter und ihres Vaters gewehrt, indem sie Drogen nahm und sich selbst mit Sicherheitsnadeln und Rasierklingen verletzte.

Wenn Sie dieses Kapitel gelesen haben, sollten Sie sich nun die Zeit nehmen, mindestens drei Bereiche herauszufinden, in denen Sie sich gegen Ihre Eltern gewehrt haben. Bitten Sie Ihren Partner, im Hinblick auf seine Eltern dasselbe zu tun. Stellen Sie sich dann eine harte Frage und geben Sie eine ehrliche Antwort: Wie haben Sie sich in genau diesen Bereichen Ihren Kindern gegenüber verhalten?

4. Die tadelnden Eltern

Ich bin sehr empfindlich für Tadel. Dennoch habe ich einen Großteil meines Lebens unter Leuten verbracht, die mich häufig kritisieren. Erst vor kurzem habe ich herausgefunden, warum das so ist: Ich ziehe Menschen an, die ständig meine Schwächen herausstreichen, weil ich als Kind routinemäßig getadelt wurde; es ist daher eine vertraute Erfahrung, und was vertraut ist, vermittelt immer auch Sicherheit.

Sowohl meine Mutter als auch mein Vater waren überkritisch, jeder auf seine Weise. Mutter tadelte mich offen, Vater kritisierte mich eher unterschwellig. Meine Schwester zuckt heute noch zusammen, wenn sie sich an einen Satz meiner Mutter erinnert: »Du bist so ein hübsches Kind und hast so einen häßlichen Charakter.« Mein Vater dagegen sagte, nachdem er einen meiner Schulaufsätze gelesen hatte: »Das hat nicht Barbara geschrieben.« Damit meinte er, daß dieser Aufsatz so gut war, daß er nicht von mir stammen konnte, aber so etwas würde mein Vater niemals geradeheraus sagen. Bei solchen Zusammenstößen fühlte ich mich ohnmächtig, und ich glaubte, daß nichts, was ich tat, gut genug war, obwohl ich mich in den folgenden Jahren sehr anstrengte, meinen Eltern zu beweisen, daß sie unrecht hatten.

So wuchs ich mit einem Dilemma auf: Einerseits haßte ich es, getadelt zu werden. Doch andererseits hatte ich mich in dieser Umgebung ganz gut eingerichtet, weil ich so daran gewöhnt war. Folgerichtig suchte ich mir nacheinander zwei Ehemänner, die genau das aufgriffen und weiterführten, was meine Eltern begonnen hatten – beide Männer äußerten mir gegenüber oft ihre schlechte Meinung über mich. Mein erster Ehemann erzählte mir, daß ich unattraktiv sei und deshalb besser bei ihm bliebe, weil mich sonst ohnehin keiner nehmen würde. Meinem zweiten Ehemann war es peinlich, daß ich schon eine Ehe hinter mir und aus dieser Ehe auch ein Kind hatte. Und er erinnerte mich bei jeder Gelegenheit daran, wie viele falsche Entscheidungen ich vor unserer Heirat getroffen hatte.

In meinem Beruf traf ich unweigerlich auf Vorgesetzte, die an meiner Arbeit immer etwas auszusetzen hatten, egal wie sehr alle andern in meiner Umgebung mich lobten. Ich war jederzeit darauf gefaßt, den nächsten Dämpfer zu erhalten. Sogar meine Körperhaltung war geprägt davon, daß ich stets in der Erwartung lebte, von meinen Arbeitgebern oder von meinen Eltern Tadel einstecken zu müssen – beim Gehen zog ich stets die Schultern hoch und den Kopf ein, wie um mich zu schützen. Aber bis vor kurzem habe ich es nicht geschafft, mich von den Dauer-Tadlern zu lösen. Im Gegenteil, ich habe mich praktisch an sie geklammert. Es war jedoch nicht die schlechte Behandlung durch andere, die mir schließlich die Augen darüber öffnete, was es bedeutete, von tadelnden Eltern erzogen zu werden. Dieses Verhaltensmuster gegenseitiger Abhängigkeit begann ich erst näher zu untersuchen, als mir schließlich klar wurde, was ich meinem derzeitigen Mann und meinem Sohn antat. Ich war selbst eine tadelnde Ehefrau und Mutter. Als wir einmal in Europa Urlaub machten, bemerkte ich plötzlich, daß ich ständig dabei war, an meinem Mann herumzunörgeln. Zum Glück fiel mir bald auf, was ich da tat, und ich hörte auf damit. Aber diese Verhaltensweise muß ich bei mir ständig kontrollieren.

Wie ich meinen zweiundzwanzigjährigen Sohn kritisierte, merkte ich am Telefon. Er hatte beschlossen, mit seiner Freundin ernst zu machen, und ich war dagegen. Sie war nicht die junge Dame, die ich für ihn ausgesucht hätte. Als meine direkteren Anläufe, ihm meine Ansicht darüber mitzuteilen, nicht den gewünschten Effekt hatten, versuchte ich es auf subtilere Weise. Ich setzte sie in seinen Augen herab, indem ich ihn nach Einzelheiten über sie ausfragte, von denen ich wußte, daß er sie nur negativ beantworten konnte. Als diese Taktik scheiterte, drückte ich ihm die Kehle zu, indem ich wirklich heimtückische Fragen stellte, die eigentlich eher Erklärungen waren: »Warum kann ich nicht glauben, daß du diesem Mädchen dein ganzes Leben lang treu sein wirst?«

Ich erschrak, als ich mich selbst sprechen hörte – ich redete genauso daher wie meine Eltern geredet hatten. Daraufhin begann ich, auf die Worte meines Sohnes zu achten. Und zu meinem großen Kummer stellte ich fest, daß er genauso redete wie ich.

»Nichts machst du richtig«

Im klassischen Fall sind tadelnde Eltern auch extrem fordernd. Sie haben eine negative, verurteilende Lebenseinstellung und benutzen die Kritik, um ihre Kinder zu unterdrücken. Ihre Söhne und Töchter sollen sich ihnen unterwerfen und alles tun, was sie ihnen befehlen. Sie haben an allem, was ihre Kinder tun, etwas auszusetzen. Dahinter verbirgt sich die Unzufriedenheit der Eltern mit sich selbst, weil auch sie als Kinder ständig getadelt wurden und weil sie ihren Eltern glaubten. Also geben diese Mütter und Väter dieselbe Botschaft an ihre Kinder weiter: »Nichts machst du richtig.«

Ironischerweise sind tadelnde Eltern Perfektionisten, obwohl sie sich für Versager halten. Ihr Perfektionismus ist das Werkzeug, mit dem sie versuchen, die Zustimmung ihrer Eltern zu gewinnen. Indem sie erfolgreiche Kinder erziehen, können sie ihren eigenen Eltern beweisen, daß sie doch etwas wert sind. Also pushen und geißeln sie ihre Söhne und Töchter, damit diese Unerreichbares erreichen sollen, und greifen diese an, wenn sie dabei versagen. Auf diese Weise verurteilen sie ihre Kinder zum Scheitern, was letzten Endes wiederum das alte Vermächtnis bestätigt: Sie und ihre Kinder *können* nichts recht machen.

Einige tadelnde Eltern spielen dieses doppelte Verliererspiel deutlich anders, wobei das Ergebnis dasselbe bleibt – sowohl die Eltern als auch das Kind glauben, sie seien Versager. Diese Eltern machen andere schlecht, um selber um so besser dazustehen. Sie möchten beweisen, daß sie recht haben und alle andern unrecht. Sie setzen ihre Kinder herab, weil sie sie als Konkurrenz empfinden. Solche Mütter und Väter leben in der ständigen Furcht, ihre Kinder könnten sie bloßstellen – etwa, weil sie mehr wissen als ihre Eltern oder besser aussehen. Also sabotieren sie offen und vorsätzlich den Erfolg ihrer Kinder, indem sie deren Selbstvertrauen untergraben. Solche Eltern sind in ihrer Überlegenheit leicht angreifbar. In Wirklichkeit können sie sich selbst nicht leiden, weil sie glauben, den Erwartungen ihrer eigenen Eltern niemals genügen zu können. Sie fühlen sich als Versager, weil sie sich vor der eingebildeten Konkurrenz (ihrer Kinder) nicht schützen können. Ihre Kinder wiederum fühlen sich ebenfalls als Versager, weil sie ständig mit der negativen Lebenshaltung ihrer Eltern bombardiert werden.

Diese Eltern und ihre Kinder sind sehr um ihr Image besorgt, und sie wollen um fast jeden Preis vor andern und vor sich selbst gut dastehen. Deshalb halten sie ihre Emotionen zurück und sind im allgemeinen unzugänglich. Sie sind die Personifizierung der drei Dogmen funktionsgestörter Familien, von denen im zweiten Kapitel die Rede war: nicht sprechen, nicht fühlen, nicht trauen. Frühere und gegenwärtige, ja sogar potentielle Makel des perfektionistischen Images dieser Familien werden geleugnet.

Nebenprodukte dieser Unterdrückung sind Angst und Mißtrauen aus Unsicherheit: Wird der Pakt zur Wahrung der Familiengeheimnisse honoriert?

Viele Kinder nehmen ihren tadelnden Eltern deren Verhaltensweisen übel. Außerdem haben sie häufig Versagensängste, weil sie sich in einer doppelten Verlierersituation befinden. Praktisch alle diese Kinder versuchen ihr ganzes Leben lang, ihren Eltern auf die eine oder andere Art zu beweisen, daß sie doch etwas taugen, und sie sind sehr darauf bedacht, keine Fehler zu machen. Selbst wenn viele von ihnen tatsächlich Erfolg haben, wagen sie sich typischerweise nur an solche Dinge, von denen sie wissen, daß sie sie erfolgreich bewältigen können. Solche Kinder finden immer eine Entschuldigung, sich aus einem Projekt oder einer Beziehung zu verabschieden, wenn sie das Gefühl haben, daß ihre Erfolgschancen zu sinken drohen. Ich zum Beispiel neige dazu, zunächst übermäßige Verpflichtungen einzugehen und dann doch zu zögern, um mich vor dem Scheitern zu bewahren. Wenn bei der Sache nichts Gutes herauskommt, dann schiebe ich das auf meine Arbeitsüberlastung und den Zeitmangel, der mich daran hindert, die Aufgabe wirklich gut zu Ende zu bringen. Wenn ich das Unmögliche zustande bringe, dann klopfe ich mir auf die Schulter und glaube zumindest zeitweise, daß ich unschlagbar sei. So bin ich in meiner eigenen Welt scheinbar vor dem Scheitern geschützt. Aber ich befinde mich dennoch in der doppelten Verlierersituation, weil ich immer denke, daß mein Erfolg nicht echt ist. Als Kind überkritischer Eltern kann ich mich nicht über längere Zeit wirklich gut fühlen, egal welches Wunder ich vollbracht habe. Statt dessen habe ich oft das Gefühl, eine Schwindlerin zu sein, wie der *Zauberer von Oz*, der darauf wartet, daß er entlarvt wird. Egal wie gut und erfolgreich solche Kinder sind, was auch immer sie erreichen mögen, sie haben stets die Tadel ihrer Eltern im Ohr und glauben daran.

Unsere Wahrnehmung

Heute sitzen meine tadelnden Eltern in meinem Kopf. Mein Vater ist tot, und mit den Jahren hat sich meine Mutter wirklich geändert. Sie hat heute nicht mehr annähernd so viel an mir auszusetzen wie früher. Trotzdem kämpfe ich mit extremer Selbstkritik. Es gibt Zeiten, da bin ich härter zu mir selbst als es meine Mutter jemals war. Fazit: Ich habe nur zu gut von meinen Eltern gelernt, wie ich mich herunterziehen kann. Und mein Sohn hat genau dieselbe Lektion von mir gelernt. Wenn er einen Fehler macht und ich anfange, ihn dafür auszuschelten, dann unterbricht er mich fast immer mit den Worten: »Mutter, glaubst du nicht, ich weiß, was du mir jetzt vorwirfst? Merkst du nicht, daß ich mir das alles und noch mehr schon selbst vorgeworfen habe?« Diese Antwort bringt mich dann immer zur Besinnung, weil das, was ich ihm sage, schlimm genug ist. Es ist ziemlich entmutigend, sich in solchen Augenblicken vorzustellen, daß das, was er sich selbst vorwirft, noch schlimmer ist als mein Kommentar. Also versuche ich zu lernen, genau auf das zu hören, was ich sage und was mein Sohn sagt, um einen Prozeß in Gang zu setzen, der die negativen, verurteilenden Botschaften umprogrammiert, die wir beide seit vielen Jahren im Kopf haben.

Damit Sie beurteilen können, ob Ihre Äußerungen in die Tadel-Kategorie fallen, habe ich einige Beispiele gesammelt, die typisch für tadelnde Eltern sind. Ursprünglich wurde diese Liste von den Lehrern des Hacienda-La Puente School District zusammengestellt.

- »Was hast du dir nur dabei gedacht?«
- »Du Dummkopf!«
- »Ich kann nicht glauben, daß du das gemacht hast.«
- »Du siehst schrecklich aus. Geh und zieh dich um.«
- »Nie machst du was richtig.«
- »Ich kann nicht glauben, daß du das wieder gemacht hast, nachdem ich dir gesagt habe, du sollst es lassen.«
- »Was glaubst du, was du da tust?«
- »Das hast du doch nicht absichtlich getan, oder?«
- »Du bist genau wie dein Vater.«
- »Setz dich grade hin und hör auf, an den Nägeln zu kauen...«

Tadelnde Eltern untergraben das Selbstvertrauen ihrer Kinder, indem sie ihnen Szenen machen, bei denen diese ihr Gesicht und das Vertrauen in sich selbst verlieren. Sie nutzen jede Gelegenheit, ihren Kindern vor Augen zu führen, wie dumm oder unattraktiv oder unbegabt diese sind. In Wahrheit verbergen diese Eltern hinter ihrer Selbstgerechtigkeit ihr mangelndes Selbstwertgefühl. Solche Eltern zeigen folglich wenig Gefühl, weil sie Angst haben, ihr Geheimnis könnte offenbar werden, wenn sie irgend jemanden – insbesondere ihre Kinder – zu nahe an sich herankommen lassen.

Margo, deren Erzählung das Familienprofil dieses Kapitels bildet, ist ein extremes Beispiel für die Distanz, die tadelnde Eltern zwischen sich und ihre Kinder legen. Die zweiundvierzigjährige Margo hat fast dreiundzwanzig Jahre lang nicht mit ihrer Mutter gesprochen – auf deren Bitten. Ihre Mutter hatte den Kontakt nach konfliktreichen Jahren abgebrochen, sie sah in Margo ihre Erzkonkurrentin. Es sieht ganz danach aus, als habe sich Margos Mutter durch die blonde Schönheit ihrer Tochter bedroht gefühlt, besonders nachdem Margos Vater gestorben war und ihre Mutter anfing, mit Männern auszugehen, die etwa in Margos Alter waren.

Wegen der entfremdeten Beziehung zu ihrer Mutter weiß Margo nicht, wo diese lebt, so daß es nicht möglich war, sie für dieses Buch zu interviewen.

Familienprofil: Margo

Margo ist immer voller Unruhe. Sie macht sich Gedanken; ob sie den idealen Mann findet; ob sie den richtigen Zeitpunkt erwischt, ein Kind zu bekommen; über ihr Gewicht, obwohl sie schlank ist; über die winzigen Falten, die sich um ihre Augen herum zeigen, obwohl sie jugendlich aussieht. Am allermeisten aber macht sie sich Gedanken darüber, ob ihre Familie, ihre Freunde oder ihre Liebhaber beginnen, Aversionen gegen sie zu zeigen. »Meine größte Angst war immer und ist heute noch die Angst vor Zurückweisung. Wenn ich nicht selbst zurückgewiesen werde, dann komme ich den andern zuvor.« Mit Bedauern berichtet sie, daß sie so viele Leute verlassen hat, die in ihrem Leben eine emotional bedeutsame Rolle spielten, »daß man einen Ballsaal mit ihnen füllen könnte«.

Margo wurde von extrem tadelnden Eltern erzogen, die das meiste, was sie tat, mißbilligten und sie mit Nichtbeachtung straften. Vor etwa vier Jahren konvertierte Margo zum Katholizismus. Ihre neuen spirituellen Werte zusammen mit der Therapie halfen ihr, ihre Gewohnheiten gegenseitiger Abhängigkeit wahrzunehmen. Eine Zeitlang glaubte sie, daß sie ihren Eltern vergeben habe, aber heute gibt sie zu, daß sie ihnen noch immer grollt. Den Groll möchte sie gerne abschütteln. Aber: »Wenn ich das Gefühl habe, mich von jemandem abwenden zu müssen, dann ist es, als würde ich vor meinen Vater hintreten und ihn zwingen, sich von mir abzuwenden. Ich will dieses Gefühl nicht, und ich will auch nicht mehr guten Freunden den Rücken kehren.«

»Meine Mutter war eine wunderschöne Frau«, erinnert sich Margo. »So wie sie würde ich heute gerne aussehen. Auf den ersten Blick hatte sie keinen Grund, unsicher zu sein.«

Dennoch fühlte sich Margos Mutter in starker Konkurrenz mit ihrer Tochter. Es scheint, als habe sie alles darangesetzt, daß Margo sie nicht übertreffen könne. »Als ich zwölf bis vierzehn Jahre alt war, waren die Mädchen an meiner Schule sehr modebewußt. Sie trugen hübsche Pumps, Lippenstift und immer die richtige Frisur. Wenn man sich richtig kleidete, gehörte man dazu, wenn nicht, war man draußen. Und meine Mutter tat alles, um sicherzustellen, daß ich draußen stand.«

Margo mußte ihre Kleider drei Tage lang hintereinander tragen, obwohl Geld in ihrer Mittelschichtsfamilie keine Rolle spielte. »Meine Mutter tat alles, damit ich nicht zu den andern paßte. Wenn ich mich beklagte, sagte sie: ›Das spielt keine Rolle. Du siehst eben anders aus, und das ist gut so. Es stärkt den Charakter.‹ Die Kleider, die sie mir aufzwang, waren alle altmodisch. Sie wollte, daß ich kräftige Knöchel bekam, also schleppte sie mich zu einem orthopädischen Schuhgeschäft, um mir orthopädische

Halbschuhe zu kaufen. Alle andern an meiner Schule trugen Schuhe mit drei Zentimeter hohen Absätzen, und ich mußte diese riesigen braunen Halbschuhe anziehen, die aussahen wie Männerschuhe.«
Ihre Mutter zwang ihr eine unvorteilhafte Frisur auf, und als Margo sich widersetzte, wurde sie sechs Monate lang von der Familie mehr oder weniger geschnitten. »Mutter sorgte dafür, daß meine Haare nicht länger als drei Zentimeter waren, ich sah aus wie ein gerupftes Huhn, während die andern ihre Haare in langen, bauschigen Locken trugen. «Als ich knapp vierzehn war, kam meine Mutter, den Kopf voller Lockenwickler, in mein Zimmer, als ich gerade dabei war, meine Haare aufzudrehen, und sagte: ›Du wirst deine Haare nicht mehr aufdrehen.‹ Ich fragte: ›Warum?‹ und sie sagte: ›Weil es ungesund ist, mit Lockenwicklern zu schlafen.‹ Wohlgemerkt, meine Mutter ging jeden Abend mit dem ganzen Kopf voller Lockenwickler zu Bett.
Damals gab es noch keinen Fön, und meine Haare waren kurz und kräftig, so daß sie morgens in alle Richtungen abstanden, wenn ich sie nicht aufdrehte. Aber meine Mutter ließ sich nicht erweichen. Ich geriet in Panik. Ich dachte, ›Mein Gott, ich kann doch morgen nicht in die Schule gehen mit Haaren, die in alle Richtungen abstehen.‹
So saß ich nachts um zwei im Bett und versuchte heimlich, meine Haare auf Lockenwickler zu drehen. Aber als habe meine Mutter gespürt, was ich tat, kam sie in mein Zimmer gestürzt. Sie nahm mir die Lockenwickler weg, beschimpfte mich und drohte mir mit Konsequenzen am nächsten Tag. Als mein Vater am nächsten Abend nach Hause kam, ging ich zu ihm, um ihn zu begrüßen. Aber an diesem Tag drehte er den Kopf und sah weg. Er sagte kein Wort zu mir. Da wußte ich, daß meine Mutter ihm von den Lockenwicklern erzählt hatte und daß er böse auf mich war.»
Margos Vater war sechs Monate lang böse mit Margo. «Er tat, als sei ich gestorben. Ich mußte allein in der Küche essen, während

die andern im Wohnzimmer saßen. Nicht einmal an Weihnachten redete er mit mir. Es war gräßlich – ich fühlte mich schrecklich einsam. Der einzige Grund, aus dem er den Streit beilegte, war, daß bei ihm Leukämie im Endstadium diagnostiziert wurde. Sonst wäre das ewig so weitergegangen.»
Die Ächtung war zu Ende, aber auch nach dem Tod ihres Vaters wurde Margo weiterhin schlecht behandelt. «Als Vater starb, war meine Mutter 37 und ich siebzehn, im letzten Jahr der High School. Kurz danach begann meine Mutter wieder, mit Männern auszugehen, einer von ihnen war erst 22. Wenn er sie abholen kam, mußte ich in meinem Zimmer bleiben, weil sie nicht wollte, daß wir uns sahen. Mutter war eifersüchtig und neidisch auf mich, obwohl ich unattraktiv aussah. Ich hätte hübsch sein können, hätte sie mich gelassen. Aber sie traf sich mit jüngeren Männern und hielt mich unterm Deckel. Und als ich die High School abschloß – meine Mutter hatte im Gegensatz zu meinem Vater kein College besucht – wollte sie nicht, daß ich aufs College ging.
Margo unterwarf sich dem Wunsch ihrer Mutter und ging arbeiten. Kurz danach begegnete sie einem Mann, den sie heiratete. Zunächst ging alles gut. Ihre Mutter schien den neuen Freund ihrer Tochter zu mögen. Doch nach einem gemeinsamen Wochenende in Las Vegas sagte sie plötzlich, daß Margo ihren Freund nicht mehr sehen dürfe. »Ich konnte es nicht glauben. Wir hatten gerade dieses wundervolle Wochenende hinter uns. Er war ein perfekter Gentleman gewesen. Ich fragte mich, was diese Reaktion ausgelöst haben könnte. Mutter sagte, daß mein Freund, der Perser war, aussehe wie ein Neger. Ich wünschte, er hätte ausgesehen wie Harry Belafonte oder irgendein gutaussehender Schwarzer. Aber so sah er keineswegs aus. Niemand konnte ihn für einen Schwarzen halten. Nie. Aber Mutter sagte: ›Er sieht aus wie ein Neger. Als wir in Las Vegas beim Abendessen saßen, starrten uns die Leute an. Ich will nicht, daß du mit jemandem zusammen bist, der so aussieht.‹« Margo verteidigte ihren Freund. Sie sagte, sie würde ihn wiedersehen. Ihre Mutter

ließ sich nicht umstimmen. »Nach einer Weile sagte sie: ›Also gut. Du hast dich entschieden. Ich gehe.‹ Sie packte ihre Koffer und ging. Meine vier Jahre jüngere Schwester fiel aus allen Wolken. Wir dachten, Mutter kommt nie zurück.« Sie blieb vier Tage verschwunden, ohne sich zu melden. »Wir funktionierten einfach weiter. Ich ging zur Arbeit und meine Schwester zur Schule. Ich fuhr morgens mit dem Bus zur Arbeit, und abends holte mein Freund mich wieder ab. Am vierten Tag hatte ich eine Vorahnung. Als mein Freund mich vor dem Haus aussteigen ließ, sagte ich zu ihm: ›Bitte, bleib hier. Fahr nicht weg.‹ Ich spürte, daß irgend etwas nicht stimmte. Ich ging zur Haustür, und als ich meinen Schlüssel in das Schloß steckte, flog sie auf. Drin stand meine Mutter. Sie drückte mir einen Koffer in die Hand und sagte: ›Du wohnst nicht mehr hier. Du hast dich entschieden, dich weiterhin mit diesem Mann zu treffen. Am Wochenende kannst du deine Sachen abholen.‹ Damit schlug sie mir die Tür vor der Nase zu. Ich wurde total hysterisch, tobte vor Wut.« Nachdem Margo ihre Sachen abgeholt hatte, sah sie ihre Mutter nie wieder. Jahre später erfuhr Margo von ihrer Schwester, daß nach ihrem Weggang diese zum Opfer der Eifersucht und Mißhandlung durch die Mutter wurde. Die Mutter warf ihre Schwester aus dem Haus, als diese noch die High School besuchte. Die Schwester ging nie wieder dort hin, machte keinen Abschluß und wurde schließlich drogenabhängig. Von ihrer Schwester erfuhr Margo auch, daß die Mutter wieder geheiratet hatte, aber sie weiß nicht, ob die Ehe heute noch andauert. Ihre Mutter weigerte sich, mit ihr zu sprechen, Margo weiß nicht einmal, wo ihre Schwester lebt. »Jahrelang habe ich versucht, mit Mutter zu sprechen. Mein Freund, den ich später heiratete, versuchte ebenfalls, mit ihr zu sprechen. Wir schickten ihr Rosen, versuchten, sie anzurufen, aber sie wollte nicht mit mir reden. Es war, als wäre ich einfach gestorben.«

Über die Kindheit ihrer Mutter weiß Margo kaum etwas, nur, daß es lange Zeitspannen gab, in denen Margos Großmutter sich weigerte, mit Margos Mutter und ihrer Schwester zu sprechen. Als Erwachsene erfuhr Margo von Verwandten ihres Vaters, daß die Mutter versucht hatte, ihren Ehemann aus dessen Familie herauszulösen – und damit offensichtlich Erfolg hatte.

Etwas mehr weiß Margo über die Kindheit ihres Vaters, der von seinen Eltern oft lächerlich gemacht wurde. »Er ist sehr streng erzogen worden, kommt aus einer einflußreichen Familie. In seinem Elternhaus zog man sich zum Abendessen fein an. Einmal, damals war er sieben Jahre alt, machte er ins Bett. Da zog ihm sein Vater ein Taufkleidchen für Mädchen an, setzte ihm ein Häubchen auf und zwang ihn, sich auf das Trittbrett des Wagens zu stellen, während er mit dem Auto durch die Stadt fuhr, damit ihn jeder sehen konnte.«

Ihre Eltern haben weder sich selbst noch die Kinder auf den Tod des Vaters vorbereitet. »Meine Schwester und ich hatten keine Ahnung, daß er im Sterben lag. Nicht die geringste. Tatsächlich weigerte ich mich, so viel Zeit im Krankenhaus zu verbringen – was mir heute Schuldgefühle bereitet. Aber ich wußte nicht, daß er sterben würde. Am Tag seines Todes war seine Schwester zu Besuch, und meine Mutter erzählte mir, seine letzten Worte seien gewesen: ›Die beiden Frauen, die ich am meisten liebe, sind heute bei mir.‹ Er sagte nicht: ›Sag den Mädchen, daß ich sie liebe‹. Die beiden Frauen, die er am meisten liebte, waren seine Schwester und seine Frau.«

Ein tägliches Ritual veranschaulicht, wie sehr Margo und ihre Schwester zu Hause eine untergeordnete Rolle spielten. »Mutter bereitete sich stundenlang auf den Zeitpunkt vor, wenn Vater von der Arbeit nach Hause kam. Sie stellte Cocktails ins Eisfach, nahm ein duftendes Schaumbad, zog ein langes Kleid an, frisierte sich und erneuerte ihr Make-up. Damit brachte sie jedesmal fast drei Stunden zu. Wenn er kam, holte sie die Cocktails, und sie gingen raus in unseren Tropengarten und setzten sich zwei Stunden lang an den Swimmingpool. Wir Kinder durften nur kurz guten Tag sagen und meinem Vater einen Kuß auf die Wange geben. Das war's dann auch schon. Bis zum Abendessen durften wir Mutter und Vater nicht mehr stören. Von ihren Gesprächen waren wir ausgeschlossen. Im Sommer saßen sie draußen, im Winter im Wohnzimmer. Meine Schwester und ich mußten in unseren Zimmern bleiben.«

Heute erkennt Margo, daß sie durch die Ereignisse und Rituale ihrer Kindheit sehr verletzt ist. »Ich habe zwei Ehen hinter mir, und ich könnte nicht sagen, was Liebe ist, weil mir niemand gezeigt hat, wie man liebt. Ich habe nur gelernt, andere zu kritisieren, zu strafen und zurückzuweisen.«

Trotz Groll und Schmerz hat sie immer noch den Wunsch, die Beziehung zu ihrer Mutter zu verbessern. »Ich möchte mit meiner Mutter sprechen. Sie hat mich ständig getadelt, weil sie neurotisch unsicher war. Mein Vater wies mich zurück, meine Mutter hat ihn darin unterstützt. Trotzdem möchte ich, daß sich die Dinge zwischen mir und meiner Mutter zum Besseren verändern.«

Nachbemerkung

Margos Eltern waren in klassischer Weise tadelnde Eltern, wenn auch nicht so offensichtlich. Sie benutzten die Zurückweisung, um ihre Tochter zu verunsichern und ihr Selbstwertgefühl zu untergraben. Um die Zurückweisung zu rechtfertigen, teilte man ihr unterschwellig mit, daß irgend etwas mit ihr nicht stimmte. Und ebenso subtil machte man sie lächerlich. Statt ihre älteste Tochter offen zu kritisieren, brachte die Mutter Margo in Situationen, in denen sie sich vor anderen lächerlich machte. Wenn sie Margo zwang, drei Tage hintereinander dasselbe altmodische Kleid zu tragen, dann sorgte sie dafür, daß sich Margos Klassenkameraden über sie lustig machten. Und indem sie ihren Mann soweit brachte, daß er nicht mehr mit Margo redete, so als sei sie gar nicht vorhanden, inszenierte sie eine Strafaktion, mit der sie

Margo davon überzeugte, daß sie aus gutem Grund ausgeschlossen wurde.
Margo ahmt ihre Eltern in vielem nach. Sie bestraft Partner, Freunde und Kollegen durch Verbannung aus ihrem Leben, wenn diese ihr auch nur im geringsten mißfallen. Ebenso wie ihre Mutter ist sie extrem um ihr Aussehen besorgt. Wenn sie zum Sport geht, legt sie ebenso sorgfältig Make-up und Lippenstift auf wie für eine Verabredung mit einem Mann – immer perfekt. Tatsächlich ist Margo eine Perfektionistin, ein klassisches Symptom von Kindern tadelnder Eltern.
Dies alles ist Margos Art, sich vor dem Scheitern zu bewahren, ein Versuch, sich selbst zu beweisen, daß sie Erfolg hat und daher ein wertvoller Mensch ist, der es verdient, geliebt zu werden. Sie steckt voller Konflikte, will alles richtig machen, obwohl sie von ihren Eltern auf Scheitern konditioniert wurde.
Margo kämpft darum, sich zu regenerieren, und sie hat Fortschritte gemacht. Sie belügt sich zum Beispiel nicht mehr darüber, wie sie bisher gelebt hat. Aber es fällt ihr immer noch schwer, sich anders zu verhalten, und sie fragt sich, ob es leichter wäre, wenn sie Kontakt zu ihrer Mutter hätte und mit ihr zumindest über ihre Konflikte sprechen könnte.

Aus diesem Familienprofil und meiner eigenen Erziehung habe ich gelernt, wie bedeutsam unsere Worte und Taten bei der Erziehung von Kindern sind, und wie leicht Kindheitserlebnisse für einen Menschen zum Dreh- und Angelpunkt werden können. In meinem Leben waren dies häufig Dinge, an die sich meine Mutter nicht mehr erinnert. Und als mein Sohn mit seinen dreizehn Jahren mit mir zusammen über seine Kindheit nachdachte, erzählte er mir sehr lebendig von Ereignissen, an die ich mich nur noch schwach erinnern kann. Wäre Margos Vater noch am Leben, würde es mich nicht wundern, wenn er die Wirkung seiner abweisenden Haltung auf seine Tochter herunterspielen würde, falls er sich denn überhaupt noch daran erinnern würde.

Haben Sie eine Ahnung, welche Ereignisse zwischen Ihnen beiden für Ihr Kind wirklich bedeutsam waren? Durchforsten Sie zunächst Ihr Gedächtnis und notieren Sie mindestens fünf Ihrer Meinung nach entscheidende Ereignisse oder Gespräche aus Ihrer eigenen Kindheit, die eine nachhaltige Wirkung auf Sie ausübten.
Erstellen Sie dann eine ähnliche Liste, die auf Sie und Ihr Kind zutrifft, und zwar so, wie Sie glauben, daß sie sich aus der Sicht Ihres Kind darstellen könnten. Wenn Sie versuchen, sich mit den Augen Ihres Kindes zu sehen, sind Sie dann überrascht von dem, was Sie da sehen?

5. Die überbehütenden Eltern

Zwei meiner drei Ehemänner hatten überbehütende Eltern. Im Nachhinein wird mir klar, daß dies kein Zufall war. In jeder der beiden Ehen mußte ich die Rolle der überbehütenden mütterlichen Ehefrau spielen. Unbewußt hatte ich mich für Männer entschieden, deren Mütter sie von vielen Pflichten und Verantwortlichkeiten des Alltags abgeschirmt hatten.

Mein zweiter Mann ließ als Kind seine Kleider überall auf den Boden fallen, wo immer er gerade ging oder stand. Niemand erwartete von ihm, daß er sich etwas zu essen kochen konnte. Seine Mutter gab ihm regelmäßig Geld, selbst als er schon längst erwachsen war. Als er in seine eigene Wohnung zog, kochte sie fast jeden Abend für ihn und kaufte alles ein, wovon sie dachte, er könnte es brauchen. Sie traf viele Entscheidungen für ihn, als wäre er noch ein Kind. Sie sagte, daß er andernfalls sein Leben ruinieren würde.

Bei meinem dritten und jetzigen Mann war es ganz ähnlich. Auch er wurde gehätschelt und finanziell unterstützt, selbst als er schon erwachsen und über vierzig Jahre alt war. Als er sich von seiner ersten Frau trennte, kümmerte er sich nicht von Anfang an um seinen dreijährigen Sohn. Diese Aufgabe übernahm seine Mutter. Und nachdem er innerhalb von drei Jahren eine beträchtliche Erbschaft durchgebracht hatte und mit 48 Jahren praktisch pleite war, »lieh« seine Mutter ihm Geld, damit er seine Schulden bezahlen konnte.

Keiner der beiden Männer wußte zum Zeitpunkt, als sie erwachsen wurden, wie man es anstellt, als autonome, verantwortliche Persönlichkeit zu leben. Keiner traute sich zu, die ganz normalen Schwierigkeiten des Lebens zu meistern, denn darin hatten sie kaum Erfahrungen sammeln können. Beide Männer waren passive Typen – leise, ruhig und bereit, den Frauen in ihrem Leben die Rolle zu überlassen, die zuvor ihre Mutter gespielt hatte. Und ich ergriff diese Gelegenheit, um sie zu kontrollieren.

»Das kannst du nicht, jedenfalls nicht allein«

Die Botschaft, die überbehütende Eltern an ihre Kinder weitergeben, heißt: »Das kannst du nicht, jedenfalls nicht allein.« Überbehütende Eltern meinen, es sei notwendig, daß sie für jede Einzelheit im Leben ihrer Kinder Sorge tragen. Die Kinder werden von solchen Eltern geradezu erstickt, nur selten dürfen sie auch nur die banalste Entscheidung selber treffen. Entweder glauben diese Kinder schließlich, sie seien unfähig, oder aber sie entwickeln eine völlig gleichgültige Haltung gegenüber dem Leben und werden Primadonnen erster Güte.

Kinder, die sich für unfähig halten, haben kein Selbstvertrauen und gehen ungern Risiken ein. Konflikten und Herausforderungen gehen sie meist aus dem Weg. Oft sagen sie: »Ich weiß nicht, wie das geht«, oder: »Das kann ich nicht.« Dabei haben sie oft gar nicht versucht, das Problem zu lösen. Mein derzeitiger Mann überlegte sich immer tausend Gründe, warum er bei dieser oder jener Firma keine Stelle bekommen könne, so lange, bis er schließlich gar nicht mehr versuchte, sich zu bewerben.

Kinder, die eine gleichgültige Hol's-der-Teufel-Haltung entwickeln, neigen andererseits zu Leichtsinn und Verantwortungslosigkeit, weil sie davon ausgehen, daß ihre Eltern den Schaden, den sie anrichten, schon wieder gutmachen werden. So erhielt etwa mein früherer Mann nach dem Scheitern unserer Ehe auf seine Bitte 8.000 Dollar von seinen Eltern, um seine Schulden zu bezahlen und einen Flug über fast 5.000 Kilometer zu buchen, um wieder bei ihnen zu Hause zu wohnen – mietfrei. Diese Kinder sind oft unaufrichtig und leben auf Kosten anderer. Sie glau-

ben, sie könnten alles haben, was sie wollen, gleichgültig, was dabei für ihre Eltern und andere auf dem Spiel steht.
Überbehütende Eltern verweigern ihren Kindern jede Möglichkeit, reife, mündige Erwachsene zu werden, ganz ähnlich wie fordernde Eltern. Im Unterschied zu letzteren versuchen überbehütende Eltern jedoch eher, das Leben ihrer Kinder durch Schuldgefühle zu kontrollieren als durch Zwang, mit verdeckten Mitteln statt offenen Forderungen. Indem sie sich für sie aufopfern und sie materiell unterstützen, versuchen sie, sich die Kinder willfährig zu machen. Die Mutter meines zweiten Ehemannes erinnerte ihn regelmäßig daran, wie sie ihr Leben in einer schwierigen, lebensgefährlichen Schwangerschaft aufs Spiel gesetzt hatte, um ihn nicht abtreiben zu müssen. Immer wieder schaffte sie es auf diese Weise, bei ihrem Sohn das gewünschte Verhalten zu erzwingen. Wenn das nicht funktionierte, legte sie sich krank ins Bett, bis ihr Sohn aufgrund seiner Schuldgefühle kapitulierte. Überbehütende Eltern werden oft von andern bewundert, weil sie großzügig über Fehler hinwegsehen. Nichts ist ihnen zu teuer für ihre Kinder, die alles von ihnen bekommen, was die Eltern sich leisten können. Manche überbehütenden Eltern stürzen sich sogar in Schulden, um die materiellen Wünsche ihrer Kinder zu befriedigen, ob diese nun vernünftig sind oder nicht. Oft versuchen sie damit auch, Mängel ihrer eigenen Kindheit an ihren Kindern auszugleichen.
In meiner eigenen Geschichte und der meiner Schwiegermütter entdeckte ich noch andere Gründe, warum sich überbehütende Eltern so verhalten. Ich selbst war keine überbehütende Mutter, eher fordernd, tadelnd, vor allem aber war ich eine distanzierte Mutter. Aber ich bewunderte die überbehütenden Eltern und glaubte, diese würden mit ihrer Vergötterung auf sehr zuträgliche Weise zeigen, wie sehr sie ihren Nachwuchs lieben. Ich beneidete sie, weil ich mich solcher überschwenglicher Liebesbeweise für unfähig hielt.
Nach der Geburt meines Sohnes hatte ich eine postnatale

Depression. Damals glaubte ich, ich sei keine gute Mutter, weil ich meinen Jungen nicht lieben konnte. Mit der Zeit versuchte ich, meine Schuldgefühle zu verdrängen. Als ich zum zweiten- und zum drittenmal heiratete, sah ich in diesen Ehen eine Gelegenheit, das, was ich an meinem Sohn versäumt hatte, an meinen Ehemännern wieder gutzumachen. So wurde ich eine überbehütende Ehefrau, die sich ihrem Mann gegenüber wie eine Mutter aufführte.

Unsere Wahrnehmung

Überbehütende Eltern sprechen ihre eigene Sprache. Diese ist subtiler und in ihrer schädlichen Wirkung weniger offensichtlich als andere Formen gegenseitiger Abhängigkeit. Daher kann es schwierig sein, sich dabei selbst auf die Schliche zu kommen. Im folgenden finden Sie eine Liste ausgewählter Zitate, die wieder von den Lehrern des Hacienda-La Puente School Districts stammt:

- »Komm, laß dir helfen.«
- »Das mußt du nicht tun.«
- »Wir kümmern uns darum.«
- »Meinst du, du kannst das?«
- »Frag mich, bevor du hier weitermachst.«
- »Ich mach das für dich.«
- »Ich habe Angst, man könnte dich verletzen.«

Mit anderen Worten: Überbehütende Eltern unterdrücken ihre Kinder, indem sie sie unterschwellig davon überzeugen, daß diese nicht selbst auf sich aufpassen können. Sie schließen ihre Kinder von vielen Entscheidungsprozessen aus und machen ihnen Angst und Schuldgefühle.

Das Familienprofil dieses Kapitels zeigt ein klassisches Beispiel für überbehütende Erziehung, auch wenn sich diese nur auf eines der drei Kinder der Familie richtete – nämlich den jüngsten Sohn

Josh. Die zwei älteren Jungen wurden von den Eltern Mary und Bud anders behandelt. Mary sagt: »Von den beiden älteren Jungen, Michael und Danny, habe ich viel mehr verlangt. Als Josh kam, fand ich, daß ich den beiden älteren gegenüber zu hart war und daß ich weicher werden müßte. Aber das haben wir wohl übertrieben. Josh ist dabei der Verlierer.«

Familienprofil: Mary, Bud, Josh und Michael

Mary ist offensichtlich die Wortführerin der Familie und war eher als die andern Familienmitglieder bereit, sich für dieses Buch interviewen zu lassen. Aber sie unterscheidet sich in mehrfacher Hinsicht von den andern. Beispielsweise war sie die einzige, die ihren Vornamen geändert geändert haben wollte, um ihre Anonymität zu wahren. Bud, den Mary als Workaholic bezeichnet, verweigerte sich schnell aber charmant einem Gespräch. Er sagte, er habe zuviel zu tun, versicherte aber, ansonsten habe er nichts dagegen. Josh war zunächst einverstanden mit einem Interview, erschien dann aber zu mehreren fest vereinbarten Terminen einfach nicht, so daß ich keine Gelegenheit bekam, seine Perspektive darzustellen. Michael, der älteste Sohn, machte manchmal widersprüchliche Aussagen, besonders wenn ich ihn nach seinen Gefühlen fragte. Der mittlere Sohn, Danny, starb vor ein paar Jahren bei einem Fahrradunfall. Mary und Michael sprechen nur selten über ihn.

Trotz dieser Widersprüche wird deutlich, daß diese Familie sich sehr bemüht hat, die Gewohnheiten gegenseitiger Abhängigkeit aufzubrechen.

Mary Die vierundfünfzigjährige Mary ist zierlich und lebhaft. Sie erinnert sich, wie unzufrieden Bud war mit der Art und Weise, wie sie Gespräche führte, und wie sehr sie sich von ihm einschüchtern ließ. Heute akzeptiert sie sich viel besser und erzählt bereitwillig ihre Geschichte. Die ehemalige Hausfrau, die heute nach über dreißig Jahren Ehe allein lebt, denkt immer noch über ihr Leben nach, und man hat das Gefühl, daß es ihr hilft, wenn ihr jemand zuhört.

Mary lebt in einem Badeort im Süden von Kalifornien. Obwohl es nicht einfach für sie ist, allein zurechtzukommen, freut sie sich über ihre Fortschritte seit der Scheidung. »Ich werde erst jetzt erwachsen. Und auch wenn es manchmal schwer ist, bin ich froh, daß ich irgendwann mein Leben selbst in die Hand genommen habe.« Als Neugeborenes wog Mary nur zweieinhalb Pfund, und sie glaubt, daß dieser bedenkliche Start ihres Lebens der Grund für ihre Überbehütung war. »Meine Eltern hatten Angst, mich zu verlieren, und meine Mutter konnte keine Kinder mehr bekommen. Sie liebte mich sehr, so sehr, daß sie mich fast erdrückte. Meine Eltern erlaubten mir nicht die geringste Unabhängigkeit oder Freiheit, sie ließen mich keine Entscheidung selbst treffen, aus Angst, ich könnte einen Fehler machen und sie würden mich verlieren.« Mary erzählt, wie restriktiv sie erzogen wurde: »Vieles, was andere taten, durfte ich nicht, weil meine Eltern so überängstlich waren. Einmal, damals war ich gerade ein Teenager geworden, machten alle meine Freunde einen Ausflug auf einem Heuwagen. Mein Vater und meine Mutter wollten mich nicht gehen lassen, weil sie gehört hatten, daß dabei manchmal ein Feuer ausbricht und daß die Kinder manchmal rauchen. Deswegen durfte ich nicht mit.« Marys Reaktion darauf: »Ich wurde fast hysterisch. Ich regte mich wahnsinnig auf. Heute merke ich, daß ich durch die Erziehung meiner Eltern sehr furchtsam geworden bin. Bis zu meiner Scheidung habe ich das gar nicht gewußt. Ich glaubte immer, stark zu sein. Aber dann sah ich alles, was da draußen auf mich wartete und wovor mich jetzt keiner mehr beschützte. Im Augenblick lerne ich, die Angst zu bekämpfen und Selbstvertrauen zu entwickeln. Aber vorher hatte ich nichts davon, ja, ich verstand nicht einmal, daß man das brauchte, weil mich immer irgend jemand beschützte.«

Marys Mutter war Hausfrau. Obwohl damals die große Depression herrschte und die Familie finanziell harte Zeiten durchmachte, ging ihre Mutter nicht arbeiten, »weil meine Eltern es für wichtiger hielten, sich um mich zu kümmern.«

»Später ging es uns besser. Damals war ich schon ziemlich groß, aber sie ließen es mir nie an etwas fehlen. Eher verzichteten sie selbst auf etwas, als daß sie mir etwas vorenthielten. Ich bekam Tanzstunden und trug in der High School Kaschmirpullover, lauter Dinge, die meine Eltern nicht hatten. Ich hab das alles gar nicht wahrgenommen oder verstanden, und wahrscheinlich haben sie mir damit auch keinen Dienst erwiesen. Sie waren viel zu nachgiebig.« Selbst als sie erwachsen war, änderte sich das Verhalten der Eltern nicht, und das störte sie ebenso wie als Kind. Besonders frustriert war sie über die ständigen Aufmerksamkeiten und Besuche, die sie von ihren Eltern nach der Geburt ihres ersten Kindes erhielt. »Ich steckte in einem Dilemma, weil sie im gleichen Viertel wohnten wie ich und fast jeden Tag bei uns vorbeikamen. Ich hatte kaum noch eine Privatsphäre, wollte sie aber nicht brüskieren. Ich hatte vielleicht wenig Respekt, aber ich liebte sie und wollte ihre Gefühle nicht verletzen. Sie haben mir stets gezeigt, wie sehr sie mich liebten. Und das kann einem eine Menge Schuldgefühle verursachen.«

Mary war mit vielen Schuldgefühlen belastet, weil »meine Eltern mir immer wieder sagten: ›Wir würden unser Leben für dich lassen.‹ Was für Schuldgefühle sie mir damit machten, erkannte ich erst, als ich älter war. Und erst seit meiner Therapie weiß ich, was für eine schreckliche Last man einem Kind auferlegt, wenn man sagt: ›Ich habe alles für dich getan, jetzt mußt du alles für mich tun.‹« So konnte Mary also nicht sagen: »Seht her, ich brauche mein Privatleben, ich will nicht, daß ihr jeden Tag kommt.« Solche Gefühle konnte sie nicht zum Ausdruck bringen, »weil sie das nicht verstanden hätten. Niemand könnte verstehen, daß ich, für die sie ihr Leben lassen würden, so egoistisch sein kann, daß ich ihnen nicht erlaube, ihren Enkel jeden Tag zu besuchen.«

Neben der Schuld brachte Mary ihren Eltern noch ein anderes Gefühl entgegen: Verachtung wegen ihrer Selbstaufopferung. »Ich war enttäuscht von ihnen. Weil sie so viel für mich tun wollten, taten sie nicht genug für sich selbst, und ich erkannte, daß man sich in einem solchen Fall selbst nicht liebt und nicht achtet. Es ist falsch, alles für ein Kind aufgeben zu wollen. Natürlich will man seinen Kindern Dinge geben, die man selbst nicht hatte, damit sie glücklich werden, aber wenn man sich dafür selbst aufgeben muß, dann zeigt das doch, daß man sich selbst nicht liebt. Deswegen respektierte ich sie nicht, und ich wußte, daß sie mich damit ebenso verdorben haben wie ich meine eigenen Kinder verdorben habe.«

Ihre Respektlosigkeit demonstrierte Mary meist dadurch, daß sie keinerlei Begeisterung zeigte für die Carepakete, die ihre Eltern regelmäßig brachten. »Wenn meine Eltern kamen, brachte meine Mutter jedesmal so ein Carepaket mit. Statt mich darüber zu freuen, hatte ich das Gefühl, nicht erwachsen werden zu können, und daß sie versuchten, damit meine Liebe zu kaufen. Mit Josh habe ich genau dasselbe gemacht, deswegen ist er heute böse auf mich.« Vor kurzem hat Josh sie »zitiert«: »Du opferst dich ständig für andere auf. Aber dir selbst bist du nichts wert.« Er hat recht, sagt Mary. »Ich habe mein ganzes Leben für die andern aufgeopfert, um ihre Liebe zu gewinnen.«

Mit Bud zusammenzuleben, war nicht leicht. »Er tat nie etwas Unmoralisches oder Illegales. Er war sehr selbstgerecht und moralisch, tat nur, was ›gut‹ und ›rechtens‹ war. So lebte ich eben damit und meine Kinder auch. Er arbeitete die ganze Zeit, und sie sahen nicht viel von ihm. Wenn wir zusammen waren, waren wir zumindest an den Wochenenden eine Familie, aber mehr oder weniger taten wir nur das, was er organisiert hatte. Und niemand beschwerte sich darüber. Aber unserer Beziehung mangelte es an Gefühl und Sexualität. Aber immer wenn ich etwas sagte, war es mein Fehler: Er fühlte sich nicht zu mir hingezogen, weil ich nicht lieb und nett zu ihm war. Aber es war schwer, lieb und nett zu ihm zu sein, weil ich nicht das Gefühl hatte, daß er mich attraktiv fand. Andere Männer fanden das wohl, also stimmte irgend etwas nicht, aber ich wußte nicht, was das war.«

»Ich glaubte immer, es sei mein Fehler. Genau wie bei meinen Eltern. Und wenn man denkt, mit einem stimmt was nicht, dann wird man auch so. Man schafft sich das Unbehagen selbst. Ich besaß eine Menge, und ich hab's verloren, weil ich mich nicht über das freuen konnte, was ich hatte. Immer war irgend etwas nicht in Ordnung, vor allem ich nicht. Und nie habe ich wirklich verstanden, was der Grund war. Zum Teil sicher, daß ich nach Liebe hungerte. Nicht nur nach Sex, sondern nach Liebe. Das mußte sich natürlich auf die Kinder auswirken. Meinen älteren Kindern gegenüber war ich sehr hart. Ich habe viel von ihnen gefordert. Ich habe ihnen nicht viele Freiheiten gelassen und sie sehr stark kontrolliert.«

Heute hat Mary das Gefühl, daß diese Erziehung den beiden älteren Kindern weniger geschadet hat als ihre Überbehütung dem jüngsten. »Josh hatte alles, was die andern beiden nicht hatten. Er war hübsch. Und er wurde vom ersten Augenblick seines Lebens an verdorben. Jeder liebte dieses Baby. Michael und Danny waren alt genug, um nicht eifersüchtig zu sein, sie hätschelten ihn wie alle andern. Und Josh wurde unausstehlich.«

Als er in den Kindergarten kam, fuhr er mit seinem Fahrrad die Leute um, weil er nicht gelernt hatte, Rücksicht zu nehmen. »Wenn wir Besuch hatten und Josh kam ins Zimmer, mußten alle Gespräche unterbrochen werden.«

Josh zog nicht nur die Aufmerksamkeit von Besuchern auf sich, sondern auch die seines Vaters. »Buddy nahm Josh jedesmal hoch, wenn er schrie. Freunde von uns sagten zu Bud: ›Laß ihn schreien.‹« Aber Bud hörte nicht auf sie, und Mary wurde eifersüchtig auf Josh, weil sie fühlte, daß Bud für Josh mehr übrig hatte als für sie. »Ich war eifersüchtig auf mein eigenes Kind, weil es zwischen uns keine Liebe, keine Verbindung gab, wie sie zwischen Mann und Frau existieren sollte. Es war alles Fassade.

Wir führten ein wunderbares Leben. Wir gingen auf Reisen. Meine Eltern nahmen die Kinder, und wir fuhren nach Mexiko und nach Europa. Es war alles wunderbar, aber alles Fassade. Und die Kinder wissen das.«

Als die beiden älteren Jungen größer wurden, fanden sie Josh nicht mehr so zum Verlieben. Sie sahen ihn als den »Satansbraten, der er war«, sagt Mary. »Josh bekam immer seinen Willen, und wenn nicht, dann schrie er, bis er ihn schließlich doch bekam. Er manipulierte alle und jeden. Er konnte Bud und mich gegeneinander ausspielen, indem er mir zu verstehen gab, daß er mich haßte und seinen Daddy liebte, wenn ich nicht das tat, was er wollte. Und ich beugte mich. Ich glaubte wirklich, daß Josh mich nicht mehr liebte, wenn ich ihn zurechtwies. So war er bereits mit zwei Jahren ein schwieriges Kind.

Als er älter wurde, paßte er in der Schule nicht auf – er war mit seinen Gedanken woanders. Schon im Kindergarten manipulierte er den Erzieher, wie er gelernt hatte, die Familie zu manipulieren.

Wie sieht sich Josh heute? »Er weiß, daß er verwöhnt wurde, und haßt es, aber er will immer noch verwöhnt werden. Es ist sehr zweischneidig. Auch ich wollte nicht, daß meine Eltern alles für mich taten. Ich wollte erwachsen sein und es selbst machen.

Trotzdem war da etwas in mir, eine Bequemlichkeit, die wollte, daß sie es für mich taten. Es ist ein ständiges Hin und Her. Ich wollte auch all das nicht, was Buddy für mich tat, aber selbst tat ich auch als Erwachsene nichts. Ich hatte eine Hilfe im Haushalt. Ich kochte, aber ich räumte niemals auf, weil da immer jemand war, der das für mich machte. So wurde ich nie erwachsen, obwohl ich meine Unzulänglichkeiten kannte. Es gibt einen Weg des geringsten Widerstandes, den verwöhnte Menschen für sich wählen. Abgesehen von Joshs mittelmäßigen Schulleistungen räumt Mary ein, daß ihr Sohn aufgrund ihrer überbehütenden Erziehung noch etliche andere gestörte Verhaltensweisen an den Tag legte, bis er dreizehn wurde. »Er geriet völlig außer Kontrolle. In der Schule lernte er nichts. Der Bruder seines besten Freundes war drogenabhängig und bot Josh an zu dealen. Josh war dreizehn Jahre alt, als er geschnappt wurde. Eines Tages kam ich in die Schule, um ihn abzuholen, und man sagte mir: ›Ihr Junge ist im Gefängnis.‹ Ich war völlig außer mir. Sie sagten, man habe ihn erwischt, als er Marihuana verkaufte, und er werde von der Schule fliegen.«

Mit fünfzehn wurde Josh dann an einer anderen Schule erwischt, als er zusammen mit einem Freund versuchte, mit einer gestohlenen Kreditkarte einzukaufen. Er wurde verhaftet. Sein Bewährungshelfer sagte zu Mary und Bud: »Sie haben die Wahl: Entweder sitzt er eine Jugendstrafe ab, oder Sie finden eine Schule für ihn.«

Mary sagt: »Wir beschlossen, ihn fortzuschicken, und dachten dabei an eine Art offene Therapie. Aber wir fanden nichts. Josh war in Therapie gewesen, seit er von der anderen Schule geflogen war, und es hatte nichts genützt. Er mochte den Therapeuten nicht und hatte kein Vertrauen zu ihm. Eines Tages schließlich rief der Therapeut uns an und sagte, daß einer seiner Patienten gerade eine Schule für seinen Sohn gefunden habe, die vielleicht genau das sein könnte, wonach wir suchten.«

Obwohl Josh das therapeutische Internat, in das er geschickt wurde, erst ablehnte, blieb er zwei Jahre dort und entwickelte sich gut. »Er lernte wirklich eine Menge. Er mochte Philosophie, bekam eine sehr gute Ausbildung. Der Erzieher dort konnte die Kinder inspirieren. Sein Fach war Philosophie. Und Josh sagte immer, er wolle Philosophielehrer werden. Und wenn er nicht so materialistisch denken würde, würde er das wohl auch machen, denn es ist immer noch sein Lieblingsfach. Jedenfalls hat er sich dort gut entwickelt.«

Als er jedoch zwei Jahre später das Internat verließ, ließen Mary und Bud ihn nicht nach Hause zurückkehren: »Wir wußten, alles würde wieder von vorne anfangen. Wir fühlten uns nicht in der Lage, mit ihm klarzukommen. Also brachten wir ihn in ein anderes Internat in Kalifornien, das besonderen Wert auf soziales Lernen und Kommunikation zwischen Schülern aller Länder legte, mehr als auf die akademische Ausbildung. Ein Drittel der Schüler dort kamen aus dem Ausland.«

Trotz des humanitären Engagements der Schule war der Übergang für Josh sehr schwierig, erinnert sich Mary. »Für Josh war es nicht einfach, aus der klösterlichen Abgeschiedenheit des ersten Internats plötzlich in die reale Welt überzuwechseln. Vorher hatte er immer einen Ansprechpartner, dem er seine Probleme anvertrauen konnte, wenn es ihm schlecht ging. Und er hatte diesen Perfektionismus, genau wie ich und sein Vater. Etwas anderes als A-Noten kam für ihn überhaupt nicht in Frage. So war die neue Schule eine echte Herausforderung. Er mußte schwer arbeiten, weil die Lehrpläne völlig anders waren. Davon bekam er Bluthochdruck.« Josh beruhigte sich schließlich doch, machte seine Abschlußprüfungen und ging dann an ein College in Kalifornien.

Mary und Bud war es im gleichen Zeitraum trotz familientherapeutischer Beratung weniger gut ergangen als Josh.

Mary schreibt die Stagnation der Tatsache zu, daß sie und ihr Mann sich die ganze Zeit selbst belogen. »Zwischen uns gab es keine tiefe Verbindung mehr. Es blieb alles an der Oberfläche, aber wir hatten keine Ahnung, wie wir das ändern sollten. Bud ist sehr rigide, für ihn muß immer alles genauso sein, wie er es haben will. Wenn er sich wohlfühlen wollte, mußte er alles bis ins einzelne zerlegt und geklärt haben. Er konnte sich nicht einfach so wohlfühlen. Es ist schwer zu erklären, irgendwie habe ich das nie verstanden, und so hatten wir nie eine wirklich vertrauensvolle Beziehung. Wir taten so, als sei alles wunderbar. Und irgendwann glaubten wir selbst daran.«

Kurz bevor Josh seine Abschlußprüfungen machte, entschloß sich Mary, sich von ihrem Mann zu trennen. Ihre Entscheidung, dies Josh zu erzählen, bereut sie heute. »Damit habe ich ihn am Boden zerstört. Wenn ich es damit rückgängig machen könnte, würde ich mir den Arm abhacken. Aber es würde nichts helfen, und ich hab aufgehört, mich dafür selbst zu bestrafen.«

Josh war fix und fertig. Auch die Eltern von Mary und Bud waren »außer sich«. Aber sie sagt: »Ich konnte mit dieser Lüge nicht länger leben. Es ging einfach nicht mehr. Also ließ ich dieses ganze wunderbare Leben sausen. Jedenfalls sah es damals so aus. Ich meine, ich habe viel aufgegeben. Und die vergangenen drei Jahre waren sehr hart für mich. Aber ich bin viel stärker geworden.«

Mary hat viel gelernt, was ihre überbehütende Erziehung betrifft. »Ich habe erkannt, daß es sehr wichtig ist, daß Kinder, sobald sie alt genug sind, ihre eigenen Entscheidungen treffen können. Und es ist wichtig, daß sie zu ihren Entscheidungen stehen, beziehungsweise, daß sie die Folgen falscher Entscheidungen verstehen können. Wenn man sie läßt, dann lernen sie auch aus ihren Fehlern. Man kann sie nicht vor allem bewahren.«

Heute bessert sich Marys Beziehung zu ihrem jüngsten Sohn, auch wenn es immer noch Zusammenstöße gibt. Josh identifiziert sich so sehr mit seiner Mutter, daß er stellvertretend für sie ihre Erfahrungen und ihre Lernversuche durchlebt, und sie versucht immer noch, seinen hohen Erwartungen gerecht zu werden. »Er will, daß ich erwachsen werde. Er will sehen, daß ich Erfolg habe, weil er dann auch glücklich ist.« Dann räumt sie ein, daß »Josh immer noch nicht die Verantwortung für sich selbst übernimmt. Er fühlt sich immer noch als Opfer.«

Josh fühlt sich vor allem als Opfer von Marys Entscheidung, sich von ihrem Ehemann und von ihrer überbehütenden Erziehungshaltung zu trennen. Er hat das Gefühl, von Mary die ganze Zeit über belogen worden zu sein. Mary wiederum fühlt sich als Opfer von Joshs Ärger und seinem Hang, sie anzugreifen. »Nach unserem letzten Streit sagte ich zu ihm: ›Josh, du bist ein Opfer, und du wirst es bleiben, bis du anfängst, die Verantwortung für dich selbst zu übernehmen.‹ Und er sagte: ›Stimmt, du hast recht. Aber noch bin ich nicht bereit, etwas dagegen zu unternehmen.‹

Und ich sagte: ›Das mußt du selber wissen.‹ Dann ging er wütend weg.« Obwohl Mary hart blieb, hat sie deswegen immer noch Schuldgefühle. »Er fühlt sich mißbraucht und alleingelassen. Er hat kein Heim mehr. Er war am Boden zerstört, als Bud und ich das Haus verkaufen mußten. Es war das einzige Haus, das er gekannt hat. Und hier habe ich nicht mal ein eigenes Zimmer für ihn.« Nach einer kurzen Pause sagt sie: »Aber in Wirklichkeit ist es besser so. Es ist hart, aber er wird lernen, daß er für sich selbst die Verantwortung übernehmen muß.«

Michael Der dreißigjährige Michael arbeitet hart – und besteht auf seiner Freizeit. Während der Woche arbeitet er als Konkursanwalt, die Samstage und Sonntage verbringt er auf Rodeos überall im Land. »Ich bin immer geritten und hatte immer Pferde, aber jetzt habe ich eine riesige Ranch mit Vieh und Pferden und gehe überall zu den Rodeos. Es macht mir viel Spaß, und es ist etwas, was ich immer wollte aber nie zu tun wagte: Mein Geld für mich selbst auszugeben und Spaß zu haben. Lange Zeit habe ich mir selbst dieses Hobby versagt – aus finanziellen und aus Zeitgründen. Jetzt mache ich etwas, was mich wirklich umtreibt.«

Michael hat sein Leben nicht immer so geführt, wie es ihm Freude machte. Während seiner ersten und einzigen Ehe hat er sich selbst aufgeopfert. Daraus hat er gelernt: »Man darf sich nicht hintenanstellen. Man muß sich gleichsetzen mit den anderen. Das habe ich nicht getan.« In dieser Hinsicht verhielt sich Michael ähnlich wie seine Mutter.

In vielen anderen Dingen jedoch identifiziert er sich stark mit seinem Vater. Ihn beschreibt er als sehr engagierten Mann. »Wenn er etwas in Angriff nimmt, dann führt er es auch zu Ende. Er ist gewissenhaft. Er ist stolz auf seine Arbeit, daher macht er keine halben Sachen. Und er ist ziemlich ernsthaft.«

Michael, der neun Jahre älter ist als Josh, war nicht da, als sein jüngerer Bruder zum erstenmal Schwierigkeiten hatte, aber er

war nicht überrascht, als seine Mutter ihm die Neuigkeiten mitteilte. »Mir war klar, daß er sich nicht kontrollieren ließ. Josh war ein rebellisches Kind.« Michael glaubt zu verstehen, warum Josh zum Problemkind wurde: »Er wurde kaum diszipliniert, weder von sich selbst noch von meiner Familie. Daher machte er wohl alles, was er wollte und wann er wollte und auf Kosten anderer.« Michael hat sich anders verhalten als sein jüngerer Bruder, und er schreibt dies der Tatsache zu, daß er seinem Vater nacheiferte. »Ich folgte ihm beruflich. Wenn man etwas will, dann muß man Schritt für Schritt in diese Richtung gehen.«
Die andere Seite von Michaels Identifikation mit dem Vater ist seine Neigung zur Arbeitssucht. »Ich bin genauso ein Workaholic wie mein Vater. Aber wir haben uns beide ziemlich geändert. Früher kam ich immer morgens um sieben oder halb acht zur Arbeit und ging erst wieder abends um acht oder neun Uhr. Heute fange ich immer noch zwischen sieben und halb acht an, aber ich gehe um halb sechs oder sechs. Ich nehme es nicht mehr ganz so ernst. Ich kann auch mal einen Auftrag ablehnen, wenn ich keine Zeit habe. Ich glaube, auch mein Vater hat erkannt, daß er mehr Zeit für sich braucht.«

Nachbemerkung

Die gestörte Dynamik der Familienbeziehungen änderte sich von Kind zu Kind. Auf den ersten Blick wurden die älteren Söhne mehr gefordert, der jüngste jedoch bis zum Exzeß verwöhnt. Mary und Bud reagierten auf jeden Pieps von Josh, im Wettlauf um seine Liebe und um sein Leben zu kontrollieren. Josh nahm bald die klassischen Gewohnheiten eines überbehüteten Kindes an und führte sich auf wie die Primadonna der Familie. Er lernte, wie er seine Eltern manipulieren konnte, und versuchte dies dann auch mit anderen Menschen in seiner Umgebung, etwa mit seinen Lehrern. Aber auch Michael blieb von der überbehütenden Erziehung nicht unberührt – er behandelte seine Ex-Frau auf genau dieselbe Weise, wie seine Mutter Josh behandelt hatte. Seine eigenen Bedürfnisse stellte er hinter denen seiner Frau immer zurück, wie ein Bürger zweiter Klasse.

Aus den Gesprächen mit dieser Familie und aus den Erfahrungen mit meinem jetzigen Mann habe ich vor allem gelernt, welche unterschwellige Rolle die Angst bei der überbehütenden Erziehung spielt. Eltern, die ihre Kinder verwöhnen, haben oft Angst, deren Liebe oder die Kinder selbst zu verlieren. Marys Eltern haben nie vergessen, wie nahe sie daran waren, ihr einziges Kind schon bei seiner Geburt zu verlieren. Mary selbst glaubte, sie müsse mit ihrem Mann um die Liebe ihres Sohnes konkurrieren. Und Michael glaubte zu einem gewissen Grad, der Weg zum Herzen seiner Frau führe über die Unterordnung seiner Bedürfnisse unter ihre Wünsche.

Um herauszufinden, welche Rolle – wenn überhaupt – die Angst dabei spielt, wie Sie Ihre Kinder erziehen, machen Sie eine Liste von mindestens fünf Dingen, die Sie sehr ungern tun, die sie aber ihrem Kind zuliebe dennoch getan haben. Haben Sie zum Beispiel viel Geld ausgegeben für ein Motorrad, das Ihnen jedesmal Angst macht, wenn Ihr Kind damit losfährt? Kaufen Sie Ihren Kindern teure Kleider, die sie nicht brauchen und selten tragen? Wenn Sie die Liste geschrieben haben, notieren Sie zu jedem Punkt, was Sie jeweils bewogen hat, etwas zu tun, was gegen Ihre Überzeugung war.

6. Die distanzierten Eltern

Als Kind fühlte ich mich ungeliebt, und so hatte ich mächtig mit meinen Minderwertigkeitsgefühlen zu kämpfen. In meinen Versuchen, schmerzhafte Gefühle zu unterdrücken, wurde ich unberechenbar: Schlug ich einmal in wildem Zorn um mich, unterwarf ich mich ein andermal ohne aufzubegehren den Strafen meiner Mutter: Hausarrest und damit soziale Isolation, monatelang. Später kanalisierte ich meine Aggressionen und leitete sie um in beruflichen Ehrgeiz. Ich wurde eine Superwoman mit geradezu bionischen Kräften. Mein geringes Selbstbewußtsein versteckte ich hinter der Fassade einer Arbeitsmoral, die mich nicht nur sozial isolierte, sondern auch meine Gefühle vergewaltigte. Meist war ich zu beschäftigt oder zu müde, um die täglichen Aufgaben wahrzunehmen und mich auch emotional meinem Sohn zu widmen. Die Arbeit diente mir als Entschuldigung, wenn ich mich soweit wie möglich davor drückte. Soweit ich mich zurückerinnern kann, prägte mich eine grundlegende Unsicherheit. Diese alles durchdringende Unsicherheit war ein wichtiger Faktor für meine spätere Distanziertheit. Mein Minderwertigkeitskomplex nährte sich vor allem aus der innersten Überzeugung, daß ich, egal was ich erreichte, nie gut genug sein würde, um die Liebe meiner Mutter zu gewinnen. Wenn ich gute Noten bekam, sagte meine Mutter nur: »Du bist klug, du mußt gut sein.« So wuchs ich auf in dem Glauben, daß nur wirklich außergewöhnliche Leistungen meine Mutter auf mich stolz machen könnten. Und da ich höchst selten eine derartige Reaktion von ihr erfuhr, nahm ich an, daß meine Leistungen es einfach nicht wert waren, daß man sie bemerkte – obwohl ich es nie aufgab, um ihre Anerkennung zu werben, was ich für dasselbe hielt wie ihre Liebe zu gewinnen.

Auch auf die Liebe meines Vaters war ich bedacht, denn ich war seiner Integrität und Loyalität nicht sicher. Auch wenn er mich oft zur Seite nahm und mir Strategien verriet, wie ich es meiner Mutter am besten ›heimzahlen‹ könnte, weigerte er sich genauso oft, sich offen zu mir zu bekennen und sich so meiner Mutter direkt entgegenzustellen. Ich hielt das Verhalten meines Vaters für feige, und die Ursache dafür sah ich in einem Mangel an echter Zuneigung für mich. Wenn er mich wirklich liebte, so dachte ich, müßte er aufrechten Hauptes für mich eintreten und mich beschützen. Da das kaum jemals geschah, fragte ich mich oft, ob er mich überhaupt liebte. Darüber hinaus nagte in mir der unausgesprochene Verdacht, daß ich die Liebe meines Vaters überhaupt nicht verdiente.
So wurde ich erwachsen und versuchte immer noch, meinen Eltern zu beweisen, daß ich etwas wert war, in der Hoffnung, ich könnte letztendlich doch noch ihre Liebe gewinnen. Ironischerweise führte die Strategie, die ich benutzte, nämlich meine Arbeitssucht, dazu, daß ich meinen Sohn vernachlässigte. Mein Ziel erreichte ich dennoch nicht. Mein akademischer Abschluß am College brachte mir einiges ein. Sicher ließen sich daraus ökonomische Vorteile ziehen. Doch meine größte Motivation war, daß ich glaubte, auf diese Weise ein für allemal die Liebe meiner Eltern gewinnen zu können. Um dies sicherzustellen, setzte ich mir immer höhere Ziele. Im ersten Semester arbeitete ich hart, um lauter A-Noten zu bekommen. Dann fragte ich mich, ob dies genug sein würde. Ich beschloß, meine Prüfung als Bachelor[8] schon nach drei Jahren abzulegen statt nach den üblichen vier, natürlich mit lauter A-Noten. Später verkürzte ich diese Zeit um ein weiteres halbes Jahr. Schließlich bewarb ich mich um ein Stipendium in Harvard[9], das ich auch bekam, und studierte dort Ökonomie und Philosophie. Als ich meine Promotion mit summa cum laude bestand, kamen meine Eltern von Los Angeles nach New York, blieben aber keine 24 Stunden bei mir, bevor sie nach Philadelphia weiterfuhren, um dort Freunde zu besu-

chen. Ich war am Boden zerstört, wütend. Aus meiner Sicht war meine ganze Arbeit umsonst. Meine Beziehung zu meinen Eltern hatte sich nicht verändert, ich fühlte mich immer noch ungeliebt. In der Zwischenzeit hatte ich in meiner Besessenheit meinen vierjährigen Sohn praktisch sich selbst überlassen.
Wenn ich meine Entwicklung verfolge, fällt mir noch etwas anderes auf: Meine verbissenen Versuche, immer die Beste und Klügste zu sein, orientierten sich am Verhalten meiner Mutter. Tatsächlich waren die hohen Erwartungen meiner Mutter an mich ein Spiegelbild dessen, was sie von sich selbst verlangte. Sie war eine ehrgeizige Frau, die viel Zeit mit Fortbildung verbrachte, um auf der Karriereleiter aufzusteigen. Es gelang ihr, schließlich wurde sie Direktorin einer High School. Auch ich machte Karriere. Aber beide haben wir als Mütter nicht das geschafft, was wir wollten, da wir nicht lieben konnten.

»Du bist nicht so wichtig für mich«

Im klassischen Fall sind distanzierte Eltern entweder zu beschäftigt, zu müde oder zu krank, um sich um ihre Kinder zu kümmern. Meist haben sie Angst vor der Verpflichtung und der Verantwortung in der Beziehung zu einem Kind oder einem Ehepartner, vor jeder Art von Beziehung, die Pflege erfordert. Es fällt ihnen schwer zu lieben, weil ihre eigene Kindheit lieblos war. So verstecken sie sich hinter ihrem Ehrgeiz, hinter der Müdigkeit oder einer – echten oder eingebildeten – Krankheit, um sich vor den emotionalen Ansprüchen ihrer Kinder zu schützen. Die Botschaft, die sie ihren Töchtern und Söhnen weitergeben, heißt: »Du bist nicht so wichtig für mich.«
Kinder von nicht verfügbaren, anderweitig beschäftigten Eltern neigen dazu, sich selbst zu erniedrigen: »Was ich denke, ist unwichtig«, oder: »Ich kann mich selbst nicht leiden.« Sie denken, daß sie als Kind nicht wichtig genug seien, daß Erwachsene

ihre Zeit mit ihnen verbringen und sie lieben. Solche Kinder sind in ihren Gefühlen oft verwirrt. Wenn die Eltern zum Beispiel durch ihre Arbeitssucht einen hochbezahlten Beruf haben, haben sie das Gefühl, sich nicht verlassen fühlen zu dürfen. Profitiert das Kind nicht auch vom beruflichen Erfolg der Eltern? So weichen Zorn und Frustration schließlich den Schuldgefühlen. Als ich mit neunzehn beschloß, nach meiner Heirat, der Geburt meines Kindes und der Trennung von meinem Mann ans College zu gehen, wußte ich genau, was das bedeutete: daß ich nämlich sehr wenig Zeit für meinen Sohn haben würde. Ich verfolgte meine Ziele vor allem aus eigener Unsicherheit, weil ich meinen Eltern beweisen wollte, daß ich ihre Liebe verdiente. Aber meinem Sohn erzählte ich etwas ganz anderes, nämlich daß mein Studium seine finanzielle Zukunft sichern würde.

Ich verursachte ihm Schuldgefühle, um seinem Zorn und seiner Frustration darüber zu begegnen, daß ich ihn von einem Babysitter zum andern schleppte. Während des Semesters wurde er tagsüber von drei verschiedenen Babysittern betreut, während ich meinem Studium nachging. Die Reaktion des Fünfjährigen auf seinen hektischen Tagesplan war typisch für solche Kinder. Seine Wut mischte sich mit Stolz und Scham – Wut über das ständige und gefühllose Hin- und Hergezerre, Stolz auf meine Leistungen an der Universität und Scham, weil ich mich im Vergleich zu den Eltern seiner Freunde offensichtlich wenig für ihn und sein Leben interessierte. Typisch war auch, daß er mir seinen Groll nicht auf direktem Wege kundtat. Statt dessen agierte er ihn im Kindergarten aus.

Auch die Kinder von Hypochondern – eine andere Art von distanzierten Eltern – leben im Konflikt mit ihren Gefühlen. Sie haben häufig Wut- und Schuldgefühle, ebenso wie die Kinder von Eltern, die in wenig glanzvollen Jobs hart arbeiten müssen und deshalb abends zu müde sind, um mehr zu tun als den nötigsten elterlichen Pflichten nachzukommen.

Vor kurzem hielt mir jemand eine Aussage vor, mit der ich einst meine Arbeitssucht und die Tatsache, daß mein Sohn (und zeitweise auch meine Ehepartner) immer zuletzt kam, rechtfertigte: »Ich konzentriere mich so sehr auf meine Karriere, weil es dort eine direkte Beziehung zwischen Input und Output gibt, zwischen Leistung und Erfolg. Bei Kindern und Ehemännern gibt es keine Garantien.« Heute zucke ich zusammen, wenn ich das höre. Zum Glück habe ich diese Philosophie nie an meinen Sohn weitergegeben. Doch meinem zweiten Mann gegenüber habe ich solche Gedanken zum Ausdruck gebracht. Ich brauche nicht zu sagen, daß wir uns kurz nach dieser Erklärung scheiden ließen.

In der folgenden Liste finden Sie typische Aussagen distanzierter Eltern. Sie sind nicht so direkt wie meine soeben erwähnte Rationalisierung, aber ihre Botschaft ist so ziemlich dieselbe: Die Menschen, die man liebt, sind nicht so wichtig. Doch es ist wichtig wahrzunehmen, auf welche Weise man sein Kind demoralisieren kann mit dem, was man sagt.

- »Ich hab zu tun. Vielleicht später.«
- »Ich kann nichts versprechen.«
- »Siehst du nicht, daß ich zu tun habe?«
- »Vielleicht morgen.«
- »Kann sein, daß ich morgen dazu komme.«
- »Ich habe nie ein Kind gewollt.«
- »Du bist aus Versehen gekommen.«

Distanzierte Eltern untergraben das Selbstvertrauen ihrer Kinder. Sie hören ihren Kindern nicht zu, weil sie fürchten, diese könnten mehr von ihnen wollen als sie ihnen geben können. Aber anders als fordernde oder tadelnde Eltern, die deshalb nicht zuhören, weil sie so überaus von ihrer eigenen Meinung überzeugt sind, daß sie glauben, es nicht nötig zu haben, eine andere auch nur anzuhören, täuschen distanzierte Eltern ein Interesse an den Gefühlen und Sorgen ihrer Kinder vor und schieben dieses dann auf. Damit vermeiden sie es, ihre Versprechen erfüllen zu müssen. Viele von ihnen tragen genausoviel Groll mit sich herum wie ihre Kinder, weil sie ebenso unglücklich über ihre eigene Kindheit sind, auch wenn sie ihre Gefühle meist unterdrücken oder leugnen. Wendy ist dafür ein Paradebeispiel. Ihr Vater war Polizeibeamter in Washington D.C., wo sie aufgewachsen ist, und leistete ehrenamtliche Arbeit zugunsten notleidender Kinder. Er war selten zu Hause, und manchmal fragte sich Wendy, ob er für die Straßenkinder nicht ein besserer Vater war als für seine eigene Familie.

Auf den ersten Blick erzählt Wendy offen und bereitwillig von ihrer Kindheit und der Zeit, nachdem sie von zu Hause ausgezogen war, vom College flog, heiratete, ein Kind bekam und sich nach vier Jahren scheiden ließ. Ihre Ehe war alles andere als ein Zuckerschlecken. Sie läßt sich jedoch schwer festnageln, bricht plötzlich ab, wenn sie zugeben müßte, daß sie etwas schmerzt.

Wenn man mit Wendy spricht, spürt man, daß ihr Stoizismus an ein Martyrium grenzt, besonders wenn sie sich daran erinnert, was dazu führte, daß sie ihr einziges Kind, die neunzehnjährige Karma, am 22. Februar 1987 aus dem Haus geworfen hat. Das Datum ist offenbar unauslöschlich in ihr Gedächtnis eingegraben. Die endgültige Trennung von ihrer Mutter hat auch in Karmas Seele ihre Spuren hinterlassen, doch empfindet sie dieses Ereignis eher als befreiend denn als traumatisch. Über ihre Mutter spricht sie mit viel Zuneigung. Wenn sie diskutiert, bleibt sie beiläufig und sachlich, auch wenn das Thema echter Zündstoff ist. Im Interview bietet sie dafür eine Erklärung an: »Meine Mutter war nie wie eine Mutter für mich. Bis ich zwölf war, wurde ich von meiner Großmutter erzogen. Meine Mutter betrachtete ich eher wie eine Schwester.«

Wendy war Polizistin, und sie räumt ein, daß sie ebenso arbeitssüchtig war wie ihr Vater. In den letzten Jahren hat sie eine Therapie gemacht, nachdem ihr eine schockierende medizinische

Diagnose gestellt wurde: Wendy hat Multiple Sklerose. Ihre Beschäftigung mit sich selbst beginnt sich auszuzahlen, denn sie lernt, ihrer Tochter zuzuhören und auf Karmas Gefühle einzugehen. Sie freute sich sehr, als ihre Tochter sie vor kurzem zu einem Sonntagsausflug einlud, um eine Plastik zu besichtigen, die *Das Erwachen* heißt. Es war die erste freundliche Offerte Karmas in den letzten zwei Jahren. Wendy berichtet glücklich, daß der Tag gut verlaufen ist. Der Name der Skulptur war symbolisch für das, was an diesem Tag zwischen Mutter und Tochter geschah.

Familienprofil: Wendy und Karma

»Ich bin vierzig und werde hundert.« So beschreibt Wendy sich selbst. Sie lacht dabei, aber nur ein wenig. Vor wenigen Jahren wurde festgestellt, daß sie Multiple Sklerose hat, ein chronisches und langsam fortschreitendes Leiden, das zu teilweiser oder vollständiger Lähmung und zu Muskelverkrampfungen führt. Im Augenblick ist ihr Zustand einigermaßen stabil, aber die Behandlung und die Krankheit selbst bringen viele Unsicherheiten mit sich. Der Ton, in dem sie darüber berichtet, ist bittersüß und von einer unnatürlichen Tapferkeit. »Offiziell bin ich blind. Meine Nieren sind geschädigt, und ich habe einige Zähne verloren. Meine Muskeln bauen sich ab, ich habe eine spastische Blase und muß mich selbst katheterisieren. Ich habe kaum noch Gefühl in den Beinen und im Unterleib, ich habe Probleme mit dem Darm und kann nicht mehr ohne Hilfe gehen. Für kurze Entfernungen brauche ich Krücken, zum Einkaufen einen Rollstuhl.« Sie hält kurz inne, als warte sie auf meine Reaktion, dann lacht sie plötzlich leise und erzählt weiter.

Wendy, die nach ihrer Trennung vor ungefähr sechzehn Jahren nicht mehr geheiratet hat, lebt allein. Sie sagt, sie wolle sich so lange wie möglich ihre Unabhängigkeit bewahren und erwarte

nichts von ihrer Familie, auch nicht von Karma, ihrer neunzehnjährigen Tochter. Wendy sieht bei sich viele Ähnlichkeiten zu ihrer Mutter. »Meine Mutter hatte immer viel Humor. Das war ihre Art, mit allem fertigzuwerden. Ihre Lebenserwartung war gering, aber das hätte sie niemandem erzählt.« Und wie ihre Mutter sagt auch Wendy, daß sie nicht möchte, daß irgend jemand weiß, wie sehr sie wirklich leidet, besonders nicht emotional.
Karma sieht ihre Mutter eher kritisch und vielleicht entlarvend. Sie glaubt, Wendy habe versucht, sie zu kontrollieren, indem sie ihre Krankheit benutzte, um als heldenhafte Märtyrerin dazustehen. Dagegen hat sich Karma gewappnet. »Als meine Mutter krank wurde, ließ sie sich nicht helfen, weil sie unabhängig bleiben wollte. Daher habe ich ihr nach einer Weile nicht mehr meine Hilfe angeboten. Dann wollte und brauchte sie Hilfe, aber sie wollte nicht darum bitten – sie erwartete von mir soviel Intuition zu wissen, was sie wollte. Aber ich werde ihr keine Hilfe mehr anbieten. Wenn sie Hilfe braucht, dann hat sie einen Mund, und den kann sie benutzen, um darum zu bitten.«
Wendy lebt in einem Haus mit vier Zimmern in Washington, D.C. Sie bezieht eine Rente aus ihrer zwölfjährigen Tätigkeit bei der Polizei und hat außerdem noch ein kleines Erbe vom Tod ihres Vaters. Karma arbeitet ganztags als Forscherin bei einer Agentur der Regierung im District of Columbia und hat außerdem noch einen Teilzeitjob als Meinungsforscherin in der Politik. Sie hat ein kleines Haus gemietet. Wendy sagt, sie zahle einen Teil von Karmas Miete.

Wendy »Meine Mutter disziplinierte uns und umsorgte uns, weil Vater selten zu Hause war«, sagt Wendy, das dritte von vier Kindern und die einzige Tochter. Sie findet, daß ihre Kindheit gut war, und mit besonderer Wärme spricht sie von ihrer Mutter. Als Wendy dreizehn war, bekam ihre Mutter jedoch rheumatische Arthritis und Lupus, eine fressende Hautflechte. Wendys Vater war ein sehr beschäftigter Polizeibeamter, der sich ehrenamtlich für junge Menschen einsetzte. »Ich war ein Wildfang. Mein Vater hätte vermutlich lieber ein liebes, hübsches, kleines Mädchen gehabt, aber das war ich nicht.« Obwohl ihr Vater nicht wollte, daß sie in seine Fußstapfen trat, wurde Wendy schließlich Polizeibeamtin wie er. In der Abteilung für mißbrauchte Kinder der Polizeiwache widmete sie sich der Hilfe für Kinder in Not. Zum Erbe ihres Vaters gehörte auch sein Hang zur Arbeitssucht und einiger Groll von seiten seiner Tochter. »Ich hatte oft das Gefühl, daß er jedermanns Vater war, nur nicht unserer.«

Die Ironie der Geschichte wollte es, daß Wendy später feststellte, daß sie selbst zwölf bis dreizehn Stunden am Tag arbeitete, um mißhandelten Kindern zu helfen, und dabei ihre eigene Tochter vernachlässigte. Daß ihre Eltern sie offensichtlich alleingelassen hatten, beantwortete Karma, indem sie ihre Mutter zu Hause ausschloß. »Ich kam nachts manchmal sehr spät nach Hause, und da hatte Karma die Kette vorgelegt, so daß ich nicht reinkonnte. Ich mußte zurück zu meinem Streifenwagen und die Polizeiwache anfunken, damit jemand von dort aus bei mir zu Hause anrief, um Karma zu sagen, sie solle mir aufmachen. Das passierte so oft, daß über meine Funksprüche im Revier schon gewitzelt wurde.« Fragt man Wendy, warum sie so viel gearbeitet hat, daß sie keine Zeit mehr für ihre Tochter hatte, dann antwortet sie: »Ich konnte diese andern Kinder nicht hängenlassen.«

Wendy heiratete mit neunzehn, brach ihr Studium ab und bekam ein Kind. Ihre Ehe hielt nur vier Jahre. Sie verließ ihren Mann, weil er sie belog und betrog. Danach ging sie zur Polizei, weil sie dort genug verdiente, um ihre Tochter als Mittelschichtskind erziehen zu können. Von ihrem Mann erhielt sie keine Unterstützung. Karma besuchte Privatschulen und unternahm Reisen nach Afrika, Spanien und Brasilien. Wendy arbeitete immer mehr, manchmal in zwei Jobs, um Karma möglichst alles bieten zu können. Vor Weihnachten zum Beispiel half sie in einem Damenbekleidungsgeschäft aus, wo sie Rabatt für Karmas Kleider bekam. »Zunächst war Karma gesund und ein gutes Kind, obwohl ich die ersten beiden Jahre bei der Polizei schreckliche Schichten hatte und Karma oft bei meiner Mutter war.«

Als Karma etwa zwölf oder dreizehn war, änderte sie ihr Verhalten. »Sie begann herumzulungern, während ich bei der Arbeit war. Aber wir kamen zurecht, und so machte ich mir keine allzu großen Sorgen.« Dann starb Wendys Mutter. »Ich habe so viel Zeit investiert, um mich um den Rest der Familie zu kümmern und sie über den Verlust zu trösten, aber meiner Tochter habe ich nicht geholfen. Und Karma ist mir sehr ähnlich – sie hält ihre Gefühle zurück. Sie sagte, es sei alles in Ordnung mit ihr, und ich habe mir nicht die Zeit genommen, dem wirklich auf den Grund zu gehen.«

Ein paar Jahre später geriet die Beziehung zwischen Mutter und Tochter in die Krise, als Wendys Krankheit diagnostiziert wurde. »Anfang 1983 erfuhr ich, daß ich krank war. Ich wurde immer dünner und leicht müde, und ich hinkte ein wenig. Das waren die ersten Anzeichen. Schließlich, an einem sehr heißen Tag, mußte ich zu Schießübungen bei der Polizei, und da merkte ich, daß mein Abzugfinger schnell müde wurde. Ich konnte kaum einen Hügel hinaufgehen, weil ich meinen rechten Fuß so nachzog.« Ein Neurologe stellte die gefürchtete Diagnose auf Multiple Sklerose. Wendy arbeitete zunächst noch weiter auf weniger anstrengenden Posten bei der Polizei, bis sie zu schwach wurde, um selbst diese Aufgaben zu erledigen. 1986 ging sie nach zwölf Jahren Polizeiarbeit in Rente.

Karma verdrängte Wendys Krankheit. »Ich glaube, Karma versuchte, sich von mir zu lösen, weil es für sie einfacher sein würde, mich nicht zu mögen, als zuzusehen, wie sie mich verliert. Sie hat vieles gesehen, was ihr Angst machte. Manchmal konnte ich mein Körpergewicht nicht mehr heben, dann fiel ich zu Boden und blieb viele Stunden dort liegen. Ich hatte einen Nachttopf am Boden neben dem Bett, den Karma nicht für mich leerte. Und wenn sie nach der Schule nach Hause kam, begrüßte sie mich nicht. Sie fragte nicht, ob ich ein Glas Wasser wollte, obwohl sie wußte, daß ich den ganzen Tag ans Bett gefesselt war. Wenn sie kam, verzog sie sich in das Zimmer, das am weitesten von meinem entfernt war.«

Schlimmer noch, »Karma benahm sich wie eine Erwachsene. Lange Zeit waren Karma und ich eher wie Freunde. Aber als ich anfing, Mutter zu sein, endete unsere Freundschaft.« In dieser Zeit fing Karma an, »die Augen zu verdrehen« und Wendy zu widersprechen. Wendy provozierte das, und sie tat etwas, was sie nie wollte.

»Meine Mutter hat mich geohrfeigt, das ist eine der erniedrigendsten Erziehungsmaßnahmen. Und ich wußte es besser, weil ich den Frauen, mit denen ich als Polizeibeamtin in der Abteilung für Kindesmißhandlung zusammenkam, Vorträge über richtige Erziehung hielt. Dennoch habe ich Karma schließlich dasselbe angetan, was meine Mutter mir angetan hat.«

Die Probleme spitzten sich zu, als Karma ein bis dahin wohlgehütetes Geheimnis ihrer Mutter entdeckte. »Mein langjähriger Freund hatte eine gute Beziehung zu Karma, bis sie entdeckte, daß er verheiratet war. Damals war sie vierzehn oder fünfzehn, und ich glaube, da verlor sie allen Respekt vor mir.« Wendy gab die Beziehung zu ihm als Liebhaber irgendwann auf, aber er kommt noch gelegentlich als Freund zu Besuch.

Die Beziehung zwischen Wendy und ihrer Tochter wurde so schlecht, daß Wendy schließlich erklärte: »Dieses Haus mit seinen vier Zimmern und zwei Bädern reicht für uns beide nicht aus.« Für März 1987 setzte Wendy Karma einen Termin, zu dem diese zu ihrem Vater ziehen sollte, der inzwischen wieder geheiratet hatte. Im Februar jedoch gab es einen Streit. Wendy fragte Karma, wo sie gewesen war, und bekam die Antwort: »Das geht dich nichts an.« Da sagte Wendy: »Wir brauchen nicht bis März zu warten, du gehst jetzt.« Karma ging, aber sie stellte bald fest, daß sie mit ihrem Vater und ihrer Stiefmutter nicht zurechtkam. Doch Wendy ließ sie nicht mehr nach Hause zurückkehren.

Karma, die eine Reihe von Stipendien erhalten hatte, machte ihre Abschlußprüfungen an der High School, beschloß dann aber, doch nicht an die Universität zu gehen. »Das hat mich umgehauen. Ich dachte, es sei alles in Ordnung, bis ich merkte, daß sie auf alles pfiff, was ich für sie wollte. Sie sagte, daß sie niemals diese Reisen nach Afrika, Spanien und Brasilien gewollt habe. Sie sagte, sie sei nur meinetwegen dorthin gefahren. Ich war erschüttert.«

Wendy glaubt, daß sich die Dinge ohne ihre Krankheit anders entwickelt hätten. »Ich war krank. Ich hatte nicht mehr dieselbe Kraft wie früher. Andernfalls hätte ich sie zur Universität gefahren und sie im Seminarraum abgeliefert, wenn es nötig gewesen wäre. Aber ich hatte einfach nicht die Kraft dazu. Das bedauere ich.«

Damals beschuldigte Karma ihre Mutter, daß sie versuche, die Märtyrerin zu spielen, die Heldin, daß sie ihre Krankheit benutze, um Karma zu erpressen. Wendy sieht das anders: »Ich weiß genau, was Unabhängigkeit bedeutet. Ich bin selbst kein guter Pflegling. Ich bitte niemanden um Hilfe. Ich pflege lieber die andern und verdiene mir so meine Streicheleinheiten.«

So hat sie, obwohl sie drei beruflich erfolgreiche Brüder hat, ihren Vater während seiner Krankheit gepflegt. Damals war sie selber bereits krank.

Heute telefonieren Wendy und Karma öfter und verbringen wieder ein bißchen mehr Zeit miteinander.

Karma Karma, eine optimistische, humorvolle Frau, nimmt ernsten Themen oft mit einer kleinen Spöttelei ihren Stachel. Sie ist hübsch und hat eine mädchenhafte Stimme, die ihre Lebhaftigkeit und ihren Willen zur Unabhängigkeit Lügen straft. Karma hat das Gefühl, eine gute Erziehung genossen zu haben, »aber es war meine Großmutter, die mich erzog, denn meine Mutter war ein Workaholic.« Wendys Arbeit war ein ständiger Konfliktpunkt. »Meine Mutter sagte immer: ›Ich tu das

alles für dich.‹ Und ich antwortete: ›Das sollst du nicht.‹« Bis sie zwölf Jahre alt war, lebte Karma bei ihrer Großmutter, dann entschied Wendy, sie sei alt genug, um alleine zu Hause zu bleiben. Von diesem Zeitpunkt an hat sich Karmas Leben verändert.
Zunächst wollte Karma ihre Großmutter nicht verlassen, um zu ihrer Mutter zu ziehen. »Mein Leben spielte sich vornehmlich in meinem Zimmer ab, ich wollte in Ruhe gelassen werden.« Wendy arbeitete in der Spätschicht von drei Uhr nachmittags bis elf Uhr abends. »So konnte ich nach Hause kommen, allein sein und tun, was ich wollte, solange ich saubermachte, bis meine Mutter zurückkam. So führte ich mein eigenes Leben.«
Aber bald gab es Spannungen. »Ich gebe zu, ich war als Zwölfjährige kein gutes Kind. Ich kam nicht rechtzeitig heim oder stahl mich nachts aus dem Haus. Aber andererseits hatte ich in der Schule nie größere Schwierigkeiten.« Dann jedoch fochten die beiden einen Machtkampf aus, der mehrere Jahre andauerte. »Sie schrie mich an und ich sie, sie sagte, ich würde sie nicht respektieren. Und ich fragte: ›Warum sollte ich dich respektieren? Du respektierst mich doch auch nicht. Du redest mit mir, wie es dir grade einfällt.‹ Das war unser größter Konflikt. Ich fand immer, daß man einen Menschen respektieren muß, egal wie alt er ist, und daß man in zivilem Ton mit ihm sprechen muß. Wenn sie mich anschrie, schrie ich zurück. Sie fand, ich sei respektlos, und ich fand, sie sei respektlos.«
Mutter und Tochter sind sich nicht einig, wer für diese Kämpfe verantwortlich ist. »Meine Mutter sagte, der Grund sei, wie ich etwas sage. Und ich meine, ich habe ihr genauso geantwortet, wie sie mich anging. Oft war ich blendender Laune, wenn sie nach Hause kam. Dann sagte sie irgend etwas in einem muffigen Ton zu mir, und meine gute Laune war wie weggeblasen. Fünf Minuten später stritten wir uns. Wir stritten uns die ganze Zeit, aber heute ist das vorbei.« Warum? »Weil ich ausgezogen bin. Das ist das einzige, was uns davon abhält zu streiten.«
Auch Wendys Krankheit hat zu diesen Streitereien beigetragen,

obwohl Karma zunächst nicht begriffen hat, was Multiple Sklerose wirklich bedeutet. Aber als sie sah, wie sich der körperliche Zustand ihrer Mutter ständig verschlechterte, »tat sie mir leid, weil ich wußte, daß sie einen starken Willen hat und daß die MS sie viel Kraft kostete. Aber als es ihr schlechter ging, wurde sie wirklich ekelhaft, und sie wollte nicht einsehen, daß sie Hilfe brauchte. Sie sagte allen, sie sollten sie in Ruhe lassen, sie könne immer noch selber für sich sorgen, aber das konnte sie nicht. Sie hat alle Hilfsangebote ausgeschlagen. Es kam soweit, daß ich sagte: ›Also gut, ich werde dir nicht mehr helfen, ich werde überhaupt nichts mehr tun, weil du jedesmal, wenn ich es versuche, gemein wirst. Also vergiß es.‹ Als sie dann wirklich Hilfe brauchte und ich ihr nicht helfen wollte, sagte sie: ›Du taugst nichts. Du bist keine Hilfe. Du bist rücksichtslos. Du denkst nur an dich. Ich bin krank und du reitest auf deinen Prinzipien herum.‹ Damals stimmte das. Ich folgte meinen Prinzipien, weil ich fand, daß ich alles versucht hatte und sie es nicht wollte. Und als sie mich brauchte, wollte sie nicht sagen, daß sie mich brauchte. Ich sollte allein durch meine Intuition wissen, was sie von mir wollte. Darüber hatten wir die ganze Zeit Auseinandersetzungen.«

Für Karma ist ihre Freiheit, das zu tun, was sie will, ein wichtiges Thema, zu dem sie im Lauf des Interviews immer wieder zurückkehrt. Und dieses Problem war auch in der Beziehung zwischen Wendy und Karma immer ein Thema. »Schon als Kind wollte ich meine eigene Wohnung haben. Ich hatte immer das Gefühl, keine Privatsphäre zu haben, egal wie groß das Haus war oder mein Zimmer. Ich konnte einfach keinen Raum finden, der groß genug für mich war. Ich wollte mich einrichten und tun, was ich wollte und auf niemanden hören müssen. Vor eineinhalb Jahren sagte ich zu meiner Mutter, daß ihr Haus nicht groß genug sei für uns beide. Damals stimmte sie mir zu.«

Die Situation spitzte sich zu, als Karma entschied, daß sie nicht aufs College wollte. »Ich wußte, daß ich es nicht geschafft hätte, ich war nicht reif fürs College. Dann hätte ich mir die Vorwürfe der ganzen Familie anhören müssen. Also änderte ich meine Absichten und sagte, daß ich nicht aufs College ginge.« Sie nahm einen Job an und kaufte sich ein Auto. Das verschaffte ihr mehr Freiheit, und sie blieb soviel wie möglich von zu Hause weg. »Mir wurde schon schlecht, wenn ich das Haus nur sah.« Vor kurzem hatten Karma und Wendy die endgültige große Auseinandersetzung.

Wendy, die nach einem Krankenhausaufenthalt nach Hause zurückkehrte, wollte wissen, wo Karma war, da sie bei ihrer Ankunft nicht zu Hause war. Karma weigerte sich offen, es ihr zu sagen. »Ich mußte an diesem Tag zum Arzt, aber unsere Beziehung war nicht so, daß ich ihr sagen wollte, was in meinem Leben los war. Ich war achtzehn und bezahlte meine Rechnungen selber. Ich hatte zwei Jobs. Ich sagte: ›Das geht dich nichts an.‹ Sie sagte, ich solle ihr Bescheid sagen, bevor sie kommt, ansonsten könne ich ausziehen. Also zog ich aus.«

Die erste Nacht blieb Karma in einem Motel, dann zog sie zu ihrem Vater und dessen zweiter Frau. Als das nicht gutging, mietete sie eine eigene Wohnung. Aus Karmas Sicht hat sich ihre Beziehung zu Wendy durch die räumliche und zeitliche Distanz verbessert. Doch sie fragt nach Wendys Motiven. »Wir streiten uns nicht mehr, weil sie Angst hat, ich würde gehen und nicht mehr wiederkommen. Das ist Unsinn, natürlich würde ich wiederkommen. Aber ich dränge sie nicht. Wenn sie so denkt, versuche ich nicht, sie zu widerlegen.«

Heute kommt Karma ziemlich oft, um ihrer Mutter beim Waschen zu helfen, und sie ruft sie regelmäßig an, um zu hören, wie es ihr geht. »Wir haben nicht grade die beste Mutter-Tochter-Beziehung der Welt, aber wir arbeiten daran.«

Nachbemerkung

Wendy war eine typische distanzierte Mutter, die sich an vielen Stellen verausgabte und damit rechtfertigte, daß sie nicht genug Zeit und Kraft hatte, sich ihrem Kind zu widmen. Lieber machte sie viele Überstunden als Polizistin in der Abteilung für mißhandelte Kinder, um Familien zu helfen, die in Schwierigkeiten waren. Vor Weihnachten hatte sie oft noch einen zweiten Job, und als ihre Eltern krank wurden, übernahm sie die Last der Pflege, obwohl sie selbst chronisch krank war mit Multipler Sklerose. So hat sie einen Großteil ihres Lebens als Erwachsene damit zugebracht, die Probleme anderer zu lösen – ausgenommen die ihrer Tochter.

Wendy verhielt sich ähnlich wie ihr Vater. Von ihm wurde sie ebenso alleingelassen wie sie später Karma alleinließ. Das Ergebnis war vorauszusehen. Karma wurde böse auf ihre Mutter, als diese plötzlich anfing, elterliche Autorität auszuüben, nachdem sie sich zwölf Jahre lang kaum um ihre Tochter gekümmert hatte. Mit zunehmendem Alter wehrte sie sich immer mehr gegen die Bemühungen ihrer Mutter, sich wie eine Mutter zu benehmen. Aus Karmas Sicht war es für eine solche Art der Beziehung zu spät. Sie weigerte sich, ans College zu gehen, und wurde schließlich aus dem Haus geworfen. Auch die junge Wendy hatte auf ähnliche Art gegen ihre Familie rebelliert. Sie hatte gegen den Willen ihrer Eltern mit neunzehn geheiratet und war vom College geflogen.

Noch in anderer Hinsicht ähneln sich die Geschichten von Wendy und Karma: Mit neunzehn ist Karma bereits ein Workaholic. Seit sie siebzehn ist, arbeitet sie in zwei verschiedenen Jobs gleichzeitig.

Es fiel mir nicht leicht, dieses Kapitel zu schreiben, weil es sehr viel mit mir selbst zu tun hat. Das wichtigste, was ich daraus gelernt habe, ist, wie leicht es ist, sich von seinem Engagement auffressen zu lassen. Ich wollte bestimmt nicht bewußt meinen Sohn sich selbst überlassen, aber in Wahrheit war ich so sehr mit mir selbst beschäftigt, mit meinen Versuchen, mich selbst zu akzeptieren, indem ich mich um die Anerkennung anderer bemühte, daß ich einfach blind wurde für die Bedürfnisse des Menschen, der mich am allermeisten brauchte – mein Sohn. Darin verhielt ich mich genau wie Wendy. Und sie verhielt sich genau wie ihr Vater. Ob jedoch Wendys Tochter und mein Sohn in unsere gegenseitig abhängigen Fußstapfen treten, hängt zu einem großen Teil von uns als Eltern ab, von unserer Bereitschaft, unser Verhalten zu ändern.

Wenn Sie feststellen wollen, ob Sie sich zuviel mit sich selbst beschäftigen, dann sollten Sie sich überlegen, womit Sie Ihre Zeit verbringen. Machen Sie eine Liste der wichtigsten Tätigkeiten in Ihrem Leben, in der Reihenfolge, wieviel Zeit Sie damit jeweils verbringen: Ganz oben stehen die Tätigkeiten, die am meisten Zeit brauchen. Dann bewerten Sie ehrlich, wer von jeder Tätigkeit profitiert. Gibt es ein Muster? Stellt sich heraus, daß Ihre Kinder in Ihrem Leben keine hohe Priorität haben?

7. Die unfähigen Eltern

Mein Vater neigte immer dazu, seine Verantwortung als Erwachsener seinen Kindern aufzubürden. Er hat uns selten gemaßregelt, wenn überhaupt. Als er und meine Mutter geheiratet haben, geschah dies auf ihr Betreiben hin; als sie sich scheiden ließen, mußten meine Schwester und mein Bruder weitgehend für sich selber sorgen, obwohl mein Vater das gesetzliche Sorgerecht behielt, bis er starb. Er war spielsüchtig und verließ sich auf mich, sein ältestes Kind, daß ich die Finanzhaie abwimmelte, die zu allen Tages- und Nachtzeiten an unsere Tür pochten, um Schulden einzutreiben. Als ich älter wurde, erwartete er häufig, daß ich ihm Geld »lieh«, wenn er nicht mehr klarkam. Mit anderen Worten, ich wurde seine »Sorgeberechtigte«, in gewisser Weise seine Mutter. Ich fühlte mich oft von ihm erpreßt und manchmal eingeschüchtert, mehr Verpflichtungen zu übernehmen, als ich emotional oder finanziell bewältigen konnte. Und doch fügte ich mich meist, aus Angst. Ich glaubte, er würde mich verlassen, wenn ich seinen Wünschen nicht entgegenkam. Ich merkte nicht, daß er mich durch seine Unfähigkeit in Wahrheit längst verlassen hatte.
Mein Bild von meinem Vater war allgemein das von einem freundlichen, aber schwachen Mann. Er fand immer Wege, uns alles zu kaufen, was wir wollten, egal ob sich unsere Familie das leisten konnte oder nicht. Wenn meine Mutter mich aber schlug, bestand seine Hilfe darin, daß er mir Ratschläge gab, wie ich es ihr »heimzahlen« könnte. »Du kannst es deiner Mutter heimzahlen, wenn du nicht schreist, wenn sie dich schlägt, egal wie weh es tut«, sagte mein Vater, wenn ich zu ihm ging, um mich trösten zu lassen. Zwar folgte ich seinem Rat, doch wußte ich schon als neunjähriges Kind, daß das nicht das Richtige war. Ich fragte

mich: »Wenn er die Schläge auch ungerecht findet, warum verteidigt er mich dann nicht gegenüber Mutter?«
Heute verstehe ich besser, was sich zwischen meinen Eltern abspielte. Weil Vater beim Spielen so viel Geld verlor, war er abhängig vom Einkommen meiner Mutter, die den Haushalt finanzierte, und so unterwarf er sich meist ihren Forderungen – außer in seiner Spielsucht. Und er benutzte meinen Trotz und meine Rebellion, um die Kämpfe mit meiner Mutter, die er nicht offen ausfechten wollte, verdeckt zu schüren. So verband mich mit meinem Vater eine Haßliebe, wobei ich viele Jahre leugnete, daß ich es haßte, wie er mich manipulierte. Lange Zeit hatte ich Schuldgefühle, weil ich die Unfähigkeit meines Vaters und die damit einhergehenden Lasten haßte, die er auf mich als Kind und noch als Erwachsene ablud.
Vor zwölf Jahren starb mein Vater mit neunundfünfzig Jahren an einem Herzinfarkt, dennoch habe ich erst seit kurzem keine Schuldgefühle mehr wegen der Umstände seines Todes. Meine Mutter hatte sich von ihm scheiden lassen, und durch seine Spielsucht stand er praktisch ohne einen Pfennig Geld da, also schickte ich ihm regelmäßig Geld. Weil ich kurz vor seinem Tod jedoch finanzielle Schwierigkeiten hatte, mußte ich einen Scheck, den ich ihm versprochen hatte, aufschieben. Er starb, ohne den Scheck erhalten zu haben, und ich fühlte mich schuldig, weil ich wollte, daß mein Vater darauf vertrauen konnte, daß ich ihn finanziell unterstützen würde, solange er diese Unterstützung brauchte und wollte. Diese Schuldgefühle wurden selbst dann nicht geringer, als ich herausfand, daß er bis kurz vor seinem Herztod noch zur Rennbahn gegangen war.

»Ich kann dir nicht geben, was du brauchst«

Unfähige Eltern sind im klassischen Fall abhängige Persönlichkeiten mit selbstzerstörerischen Gewohnheiten, die ihre Kinder zugunsten ihrer Süchte alleinlassen. Oft, aber nicht immer, sind diese Mütter und Väter drogenabhängig. Die Spielsucht meines Vaters war eine andere Form der Abhängigkeit. Die Mutter in dem Familienprofil dieses Kapitels war abhängig von der Liebe ihres Mannes – auf Kosten ihrer Kinder und im Namen der Liebe opferte sie unbarmherzig und zwanghaft den größten Teil ihres Lebens einem Mann, der sie im Grunde verachtete. Solche Eltern haben ihr eigenes Leben so wenig im Griff, daß sie nicht in der Lage sind, die Verantwortung für ein Kind zu übernehmen. Im Gegenteil: Sie stützen sich auf ihre Kinder, von denen sie sich Führung und Unterstützung erhoffen. Sie sind unsicher, hassen sich selbst und vermitteln ihren Söhnen und Töchtern die Botschaft: »Ich bin überfordert. Ich kann dir nicht geben, was du brauchst.«

Diese Botschaft zeigte sich deutlich in meiner Familie, als die Ehe meiner Eltern zerbrach. Mein Vater bekam das Sorgerecht für meine fünfzehnjährige Schwester und meinen zehnjährigen Bruder. Ich war am College. Für meinen Vater war es schwer, mit der Scheidung nach fünfundzwanzig Jahren Ehe zurechtzukommen, besonders weil meine Mutter sich wegen eines anderen Mannes von ihm trennte. So setzte er sofort meine Schwester in die Rolle meiner Mutter ein. Sie mußte den jüngeren Bruder beaufsichtigen und dafür sorgen, daß er morgens rechtzeitig zur Schule kam. Sie mußte einkaufen und kochen und Vater bei allem beraten – über die Scheidung und die Finanzen der Familie zum Beispiel. Dadurch wurde sie in die Isolation und Verwirrung gedrängt. Sie verlor den Kontakt zu sich selbst: »Ich wußte nicht mehr, wer ich war. Ich war so beschäftigt damit, die Ersatzfrau für meinen Vater zu sein, daß ich mich selbst verlor.« In dieser Zeit fing meine Schwester an, Drogen zu nehmen. Heute ist sie schwer kokainsüchtig.

Typisch war, daß mein Vater seine Kinder in Erwachsenenrollen drängte, denen sie emotional nicht gewachsen waren. Oft müssen solche Kinder ihre alkoholkranken Väter zu Bett bringen, dem Arbeitgeber und andern Leuten Lügen erzählen, um das Suchtproblem zu verbergen. Sie müssen Entscheidungen von großer Tragweite für die Familie treffen, zum Beispiel über den Wohnort, die Scheidung, Freunde. Sie haben keinen Platz, an dem sie sich geborgen fühlen können. Sie werden für sich selbst und ihre Eltern verantwortlich gemacht, zu einem Zeitpunkt, da sie dieser Verantwortung nicht gewachsen sind. Und wenn sie einen Fehler machen, werden sie von den Eltern ausgeschimpft. Daher fürchten sie ständig den Verlust der Anerkennung, aus ihrer Sicht gleichbedeutend mit Liebesverlust. Sie fühlen sich von ihren Eltern in die Falle gelockt anstatt beschützt, geführt und geliebt. Die Rollen sind vertauscht – sie werden gezwungen, ihren Eltern das zu geben, was sie eigentlich selbst brauchen aber nicht bekommen können.

Auch mein Vater wurde von einer unfähigen Mutter erzogen, die ihn schon früh verließ. Seine Eltern trennten sich, als er und seine sechs Geschwister noch klein waren. Mein Vater war der jüngste. Die Familie war arm und wohnte in einer kleinen, heruntergekommenen Wohnung. Seine Mutter war eine schöne Frau, die mit verschiedenen Männern Beziehungen hatte. Mit dreizehn Jahren kam mein Vater von der Schule nach Hause und fand nur noch einen Abschiedsbrief seiner Mutter vor, die ohne Vorwarnung ausgezogen war. Das war während der großen Depression in Amerika. Erwachsene Kinder unfähiger Eltern sind nicht nur ängstlich, sondern auch unsicher und voller Ressentiments, manchmal depressiv. Sie sind unsicher, ob sie die richtigen Entscheidungen treffen, sie trauen sich selbst wenig zu.

Praktisch alle hegen einen Groll gegen ihre Eltern. Einige unterdrücken diesen Groll und werden dann depressiv. Mein Vater gab nie zu, daß er auf seine Mutter böse war, aber wenn er über sie sprach, biß er die Zähne zusammen und sein Gesicht wurde hart wie Granit. Er grübelte viel über sein Leben nach und war sehr zynisch.

Ich selbst war offen wütend auf meine Mutter, meinem Vater

gegenüber weigerte ich mich jedoch lange Zeit, meinen Groll zu zeigen, weil ich ihn für meinen einzigen Freund hielt. Bis ich es schaffte, meinen Zorn auf ihn zuzugeben, litt ich oft unter unerklärlichen Depressionen.

Unsere Wahrnehmung

Die Erkenntnis, als Vater oder Mutter unfähig zu sein, ist für die meisten ziemlich schwierig. Ich war Ende dreißig, als ich soweit war, daß ich zugeben konnte, daß mein Vater unfähig war. Früher hatte ich meinen Vater als meinen einzigen Freund betrachtet, er war mein falscher Held. Ebenso schwierig war es für mich, meine eigene Heldenrolle aufzugeben und zu erkennen, daß ich selbst zeitweise eine unfähige Mutter war. Damals hatte ich schwere Depressionen. Ich wollte sterben und erklärte dieses Gefühl auch meinem Sohn in allen Einzelheiten. Mein Sohn wurde zu seinem Vater geschickt. Später erzählte er mir, er habe sich jedesmal erschreckt, wenn das Telefon klingelte, weil er die Nachricht erwartete, daß ich tot sei. Ich wünschte, ich könnte das ungeschehen machen. Aber es hat keinen Sinn, mein unfähiges Verhalten abzuleugnen.

Heute finde ich etwas Trost darin, daß mein Sohn und ich jetzt in der Lage sind, ehrlich über die Vergangenheit zu sprechen und uns dadurch gegenseitig zu helfen. Ich möchte Sie ermutigen, die folgende Liste von Äußerungen, die typisch sind für unfähige Eltern, sorgfältig und ehrlich zu lesen.

Auch wenn es wahrscheinlich schmerzvoll ist, diese Selbsterkenntnis zu vollziehen, sollten Sie daran denken, daß Sie dadurch eine bedeutsame Möglichkeit bekommen, die Verantwortung für das, was Sie tun, zu übernehmen: Sie können alles, wofür Sie verantwortlich sind, steuern und damit auch verändern. Auch diese Liste wurde von Lehrern des Hacienda-La Puente School Districts erstellt.

- »Ich schaff das nicht.«
- »Was meinst du, soll ich tun?«
- »Ich kann nicht mit ihm reden, sprich du mit ihm.«
- »Ich weiß nicht. Frag deinen Vater (deine Mutter).«
- »Das kann ich deiner Mutter nicht sagen. Es wird sie aufregen.«
- »Ich bin zu aufgebracht, um mit dir zu sprechen.«
- »Das wirst du mir bezahlen.«
- »Ich hasse dich.«

Unfähige Eltern weisen die Verantwortungen, die das Leben mit sich bringt, zurück und lasten sie jemand anderem auf, meist ihrem Kind, manchmal auch dem Partner. Werden sie selbst in die Erzieherrolle gedrängt, neigen sie dazu, das Kind zu schlagen oder sich noch weiter von ihm zurückzuziehen.

Jennifer, die vierundsechzigjährige Mutter in dem folgenden Familienprofil, versucht noch immer, ihre Töchter Elaine (38), Kim (35) und Jody (32) dazu zu bringen, sich emotional um sie zu kümmern, eine Aufgabe, die Dan, mit dem Jennifer dreißig Jahre lang verheiratet war, nicht übernehmen wollte. Jenny heiratete einen Mann, den sie verzweifelt liebte, der diese Liebe jedoch nicht erwiderte. Dreißig Jahre hat sie versucht, seine Zuneigung zu gewinnen. Sie war besessen von dem Wunsch, ihn glücklich zu machen, zuletzt auf Kosten ihrer Töchter, besonders Elaine, dem Augapfel ihres Vaters. Dan ist vor vier Jahren gestorben, daher konnte er nicht zu diesem Familienprofil beitragen. Jennifer, Elaine und Kim wurden ausführlich befragt.

Familienprofil: Jennifer, Elaine, Kim und Jody

Die vierundsechzigjährige Jennifer ist sympathisch, doch immer unsicher. Selbst die geringfügigsten Bagatellen bespricht sie mit allen möglichen Leuten ihrer Umgebung, bevor sie sich für etwas entscheidet. In vielem verhält sie sich wie ein kleines Mädchen.

Sie hat sich auf ihre Töchter gestützt, wenn sie emotionalen Halt suchte, seit diese kleine Kinder waren. Besonders wenn es darum ging, den Kummer zu verwinden, den sie sich mit einer der wenigen Entscheidungen, die sie ganz allein traf, eingehandelt hat: die Ehe mit Dan.

Jennifer verliebte sich in Dan mit etwa siebzehn Jahren. Sie war gerade nach Brooklyn gezogen. Für sie war es Liebe auf den ersten Blick. Sie mußte ihn »verfolgen«, um ihn dazu zu bringen, sie zu heiraten. Obwohl er schließlich einwilligte, hat er ihre Liebe nie erwidert. In dreißig Jahren Ehe hat Jennifer stets versucht, Dans Zuneigung zu gewinnen. Dieses Ziel setzte sie über alle anderen. Sie gibt zu: »Für meine Kinder war ich nicht da. Dan kam immer zuerst.«

Dan ließ sich schließlich von ihr scheiden, um eine Frau zu heiraten, mit der er zehn Jahre lang eine Beziehung hatte. Bevor er sich aus der Ehe verabschiedete, redete Dan immer auf entwürdigende Weise mit seiner Frau. Was sie in die Ehe investierte, schätzte er gering. Ihre nicht totzukriegende Liebe angesichts der Mißhandlungen durch Dan hat ihr viele Ressentiments von ihren Töchtern eingetragen. Sie wollten, daß sie für sich selbst eintrat und Dan Respekt abverlangte. Als ihr Vater ging, fanden sie, das sei das Beste, was ihrer Mutter passieren konnte. »Zuerst«, sagt Jennifer, »habe ich das von mir gewiesen, weil es nicht das Beste war. Das Beste wäre gewesen, er wäre bei mir geblieben.« Heute, sagt sie, sei sie derselben Meinung wie ihre Töchter. Aber so, wie sie sich immer wieder in Frage stellt, hat man Zweifel, ob sie wirklich meint, was sie sagt.

Jennifer lebt allein in New York, Elaine und Jody leben in Los Angeles, Kim in Arizona. Elaine und Kim sind verheiratet, Jody ist ledig. Keine der Töchter hat Kinder. Elaine sagt, sie wolle kein Kind. Kim möchte Kinder, hat aber gesundheitliche Probleme, die das bisher verhindert haben. Jody will eine Familie gründen, wenn der richtige Mann und der richtige Zeitpunkt gekommen sind. Alle drei Töchter bekunden ihren Zorn auf die Mutter, auch wenn Kim damit etwas weniger offen herausrückt. Die drei Frauen denken viel über ihre gegenseitig abhängige Erziehung nach und reden häufig miteinander, um zu analysieren, was in ihrem Elternhaus geschah, und um herauszufinden, wie ihr Leben dadurch beeinflußt wurde.

Jennifer Auf den ersten Blick scheint Jennifer glücklich zu sein. Sie scherzt und hat Humor, aber sobald sie anfängt, ihre Geschichte zu erzählen, sprechen Traurigkeit und Bedauern aus ihrer Stimme. »Mein Vater starb, als ich siebzehn war. Ich sage immer, ich habe einen Freund verloren, nicht meinen Vater. Er hat mich verstanden, und ich liebte ihn sehr.« Jennifer hatte zwei Geschwister. Ihr älterer Bruder wurde von ihrem Vater verehrt, ihre jüngere Schwester von jedermann bewundert. Ihr Vater hatte einen Lebensmittelladen, die Wohnung war im gleichen Haus. Eine negative Seite ihrer Erziehung war, daß sie abgeschirmt wurde, besonders aufgrund der Vorstellungen ihres Vaters, was Frauen zu tun und zu lassen hätten. »Ich durfte nie ans College, weil ich ein Mädchen war. Mädchen sollten heiraten. Das habe ich meinen Eltern vorgeworfen.«
Das zumindest wollte Jennifer bei ihren Kindern anders machen. »Als ich heiratete, versprach ich mir, daß meine Kinder aufs College und dann aus dem Haus gehen sollten, damit sie unabhängig werden. Ich war sehr abhängig von meinen Eltern. Ich glaube, wenn ich nicht geheiratet hätte, wäre ich mit dreißig noch nicht ausgezogen. So etwas kam bei meinen Eltern nicht in Frage.« Ihre Ehe war vom Beispiel ihrer Eltern beeinflußt. »Mein Vater kam immer als erster. Meine Mutter sagte: ›Sorge für dich und für deinen Mann, dann bekommen die Kinder schon, was ihnen zusteht.‹ Mit andern Worten, meine Mutter lebte nur für meinen Vater.« Jennifer führte die Philosophie ihrer Mutter noch ein Stück weiter ins Extrem. Sie vergötterte ihren zukünftigen Mann. »Ich liebte ihn vom ersten Augenblick an, als wir uns begegneten. Er war nur einen Monat älter als ich, aber zehn Jahre reifer.

Er war sehr introvertiert, sehr intelligent, und ich fand, daß er gut aussah. Wir waren erst sechzehn, siebzehn Jahre alt, als wir uns begegneten, und ich ging mit ihm. Aber ich glaube, er fand mich nicht so attraktiv wie ich ihn. Also, ich würde sagen, ich habe ihn regelrecht verfolgt.«

Als Dan zur Armee ging, verliebte sie sich in jemand anders, aber sie brach diese Beziehung ab, als Dan aus Übersee zurückkam. Auf die Frage, warum Dan sie geheiratet hat, wenn er sie nicht ernsthaft liebte, sagt sie: »Ich glaube, er wollte sich aus seiner Familiensituation befreien. Er schlief bei seinen Eltern im Wohnzimmer. Sie waren arm, und ich glaube, er wollte nur heiraten, um sein eigenes Heim zu haben.« Bei der Hochzeit waren die beiden 23 Jahre alt.

Jennifer glaubte, Dan sei stark, jemand, an den sie sich anlehnen konnte. »Ich kann nicht sagen, daß ich eine Vaterfigur geheiratet habe, niemanden, der fünf oder zehn Jahre älter war als ich. Aber ich war so flatterhaft und unreif, daß ich glaubte, er sei viel klüger und reifer.« So war sie sehr überrascht, als sich nach der Hochzeit herausstellte, daß Dan schwach und nervös war. »Er war oft depressiv und hatte irgendein körperliches Leiden, das viele Jahre lang nicht diagnostiziert wurde.« Als er vierzig war, stellte man fest, daß er Herzkammerflimmern hatte. Vor der Krankheit hatte er große Angst, er war Sportler und genoß körperliche Aktivität. Schließlich erlitt Dan einen Nervenzusammenbruch und wurde ins Krankenhaus eingeliefert.

»Wegen seiner Nervosität habe ich ihn immer sehr beschützt, und dabei habe ich meine Kinder vernachlässigt. Sie hatten keine Mutter. Ich kümmerte mich um ihn und versuchte, ihn von zu heftigen Gefühlen abzuschirmen. Ich wollte nicht, daß er sich bedrängt fühlte. Ich liebte ihn, es gab niemanden auf der Welt, der mir mehr bedeutete. Und das habe ich auch den Kindern erklärt. Ich sagte: ›Ich habe Glück, daß er mich immer noch liebt.‹ Er bedeutete mir einfach alles – alle anderen, meine Mutter, meine Kinder waren davon ausgeschlossen. Jeder wußte, wie sehr ich ihn liebte, aber niemand sagte: ›Er liebt dich auch.‹«

»Nie ist es mir gelungen, seine Liebe zu gewinnen. Ich konnte ihn nie erfreuen. Und je mehr er so war wie er war, desto weniger mochte ich mich selber. Meine Kinder haben das erkannt, denn als er mich verließ, sagte meine mittlere Tochter: ›Das ist das Beste, was dir passieren konnte.‹«

Sie wußte, daß er sie verlassen würde, weil er sich »lange Zeit vor der Trennung schon von uns zurückgezogen hatte. Er ging Golf spielen. Dann fing er an zu malen, und ich hatte nie das Gefühl, daß er zu Hause bei seiner Familie und seinen Kindern sein wollte. Er flüchtete immer.« Dan benutzte auch seine älteste Tochter, um sich von Jennifer zu distanzieren. »Als ich Elaine bekam, war das, als hätte ich Jesus Christus geboren. Mein Mann vergötterte sie. Ich erinnere mich, daß ich, als sie dreizehn Monate war, zu ihm sagte, daß ich mich vernachlässigt fühlte. Aber er sagte, Elaine sei wichtiger. Als sie älter war, wollte er sie nach einem Wutanfall immer selber trösten. Mir hat er das nicht erlaubt.« Und Jennifer hat nicht darauf bestanden, was ihr heute leid tut. So entwickelte sich zwischen Dan und Elaine eine enge Beziehung, auf die Jennifer eifersüchtig war.

Ihre Unfähigkeit wirkte sich auch auf Kim und Jody aus. »Hätte mein Mann mich geliebt, hätte ich auch die Kinder mehr lieben können. Elaine hat ein Videoband von mir, wo ich sie ausziehe, und sie sagt, daß ich dabei in die Luft starre, um meinen Gedanken zu entkommen. Sie sagt: ›Ich hatte nie das Gefühl, daß du für mich da warst.‹ Wäre ich eine bessere Mutter gewesen, wenn ich einen andern Mann gehabt hätte? Hätte ich dann mehr Liebe geben können?«

Jennifer erzählt: »Alles was ich tat, tat ich für ihn. Ich war traurig, als Elaine ans College ging, weil ich seinen Schmerz nachfühlte. Es war nicht mein Schmerz, es war seiner. Ich dachte: ›Er wird Elaine verlieren.‹ Als er mich verlassen hatte, ging ich zum Psychiater, und der sagte: ›Wenn Sie jemanden

lieben, dann machen Sie sich zu dessen Fußabtreter.‹ Und das stimmt.
Nach Dans Nervenzusammenbruch veränderte er sich. »Er wurde ein anderer Mensch, den ich nicht mehr so liebte wie vorher.« Er wurde anmaßend und egoistisch. Je aggressiver er wurde, desto mehr zog sie sich zurück. »Er saugte mich aus nach Strich und Faden. Ich veränderte mich dabei auch.«
Sie wurde immer ängstlicher und unterwürfiger, und damit verschlechterte sich auch ihre Beziehung zu ihren Töchtern. Auch ihre eigene Mutter freute sich nicht gerade über Jennifers Verhalten, insbesondere nicht darüber, daß Jennifer darauf bestand, weiterhin für Dan zu arbeiten. Dan war Buchhalter. Jennifer hat heute noch Schuldgefühle, weil sie es in der Nacht, als ihre Mutter starb, für wichtiger gehalten hatte, Dan in New Jersey bei der Arbeit zu helfen, als sich um ihre tödlich verunglückte Mutter und um die Ängste ihrer Kinder, die bei der Mutter in New York waren, zu kümmern.
Mit den Jahren entfremdeten sich Jennifer und Dan. Dan traf sich mit einer andern Frau und ließ sich, nachdem dieses Verhältnis zehn Jahre gedauert hatte, von Jennifer scheiden, um sie zu heiraten. Jennifer reagierte darauf, indem sie sich immer mehr von ihren Kindern zurückzog.
Jennifers Beziehung zu ihren Kindern hat sich mit den Jahren wenig geändert. Sie kämpft noch immer mit vielen Gewohnheiten gegenseitiger Abhängigkeit, die sie in ihrer eigenen Kindheit erworben hat. Sie ruft ihre Kinder selten an, weil es einfacher ist, sich mit ihnen nicht auseinanderzusetzen. »Worüber soll ich mit ihnen reden? Ich habe ihnen nichts zu sagen. Sie rufen mich auch nicht dauernd an.«
Und weiterhin hängt sie sich an Männer, die sie ebenso schlecht behandeln wie Dan. »Meine Liebe für Dan hätte für zwei gereicht. Aber jetzt will ich geliebt werden. Es gab einen Mann, der mich liebte und heiraten wollte. Er hätte mir alles gegeben, was ich wollte, aber er war nicht mein Typ. Ist es so, daß ich die-

sen Typ Mann nicht mag? Werde ich nur von denen angezogen, die mir gegenüber kalt sind?«
Nach einer kurzen Pause gibt sie sich selbst die Antwort: »Ich glaube, mich ziehen Männer an, die mich schlecht behandeln.«

Elaine Elaine, 38, hegt Aversionen gegen beide Eltern. »Mein Vater war meiner Erinnerung nach der einzige, der für mich da war und sich um mich kümmerte. Er badete mich und kämmte mir die Haare. Meine Mutter war nie für mich da. Ich hatte das Gefühl, sie mochte mich nicht, sie mochte auch nicht, wenn mein Vater und ich zusammen waren. Als ich sieben oder acht Jahre alt war, stand ich einmal im Flur. Meine Mutter und mein Vater waren auch dort, und meine Mutter ging zu ihm und gab ihm einen langen Kuß. Er blieb einfach nur stocksteif stehen. Das machte mich innerlich ganz krank, und ich dachte bei mir: ›Weißt du nicht, daß er dich nicht liebt?‹ Ich hatte den Verdacht, daß sie mich deshalb nicht mochte, weil mein Vater mich liebte und nicht sie.«
Wenn Jennifer nicht als Mutter zur Verfügung stand, wo war sie dann? Elaine erinnert sich: »Sie war ein ziemlicher Wildfang. Mit den Jungs aus der Nachbarschaft spielte sie Fußball. Sie war viel außer Haus. Aber irgend etwas war schrill daran, irgendwie unwirklich, und ich machte mir Gedanken darüber. Sie kritisierte mich immer, ich sei so schüchtern. Sie sagte, ich solle rausgehen und irgendwas machen, aber ich dachte bei mir: ›Ich will nicht so werden wie du.‹ Wir waren Gegnerinnen, aber verdeckte.«
Auch nach Dans Nervenzusammenbruch identifizierte sie sich weiterhin mit ihm. »Ich hatte Angst, weil er irgendwie anders war. Ich hatte das Gefühl, er war sehr unglücklich. Als ich älter wurde, war ich selbst unglücklich. Aber da konnte er mir nicht helfen, weil er mit sich selbst so beschäftigt war. Als ich zur High School ging, bekam ich plötzlich wahnsinnige Angst, ich könnte durchfallen, ein Versager werden. Aus heiterem Himmel bekam ich Angst. Der Grund lag wohl zum Teil darin, daß meine Fami-

lie mir kein sicherer Ort schien, so hatte ich nie das Gefühl, irgendwohin zu gehören. Als ich dann die High School beendete und mich aufs College vorbereitete, auf die Begegnung mit dem Unbekannten, da hatte ich Angst, mein Heim zu verlassen.«
Elaines Identifikation mit ihrem Vater wurde von diesem unterstützt und gefördert. »Als mein Vater an Krebs starb, da hatte ich Angst, ich könnte auch an Krebs sterben, weil mein Vater mir mein ganzes Leben lang erzählt hatte, wie ähnlich wir uns waren. Er erzählte mir aus seinem Leben, wie unglücklich er war und wieviel Angst er hatte, und versuchte, sich mit mir zu identifizieren. Das regte mich unheimlich auf und ich wollte ihn irgendwie von mir wegstoßen.« Und tatsächlich hat Elaine einmal zweieinhalb Jahre lang nicht mit ihrem Vater gesprochen.
»Meine Eltern ließen sich scheiden, als ich neunundzwanzig war, und ungefähr ein Jahr später war ich am Ende. Ich hatte solche Ängste, daß ich in Therapie ging. Dort begann ich, meine Vergangenheit zu beleuchten, und wurde dabei wirklich böse auf meinen Vater. Eines Tages rief er mich an und fing an zu quatschen. Ich sagte: ›Tut mir leid Vater, ich kann jetzt nicht mit dir reden. Ich weiß, es ist unfair, aber ich bin wirklich böse wegen allem, was du mir als Kind angetan hast, und ich muß da durch. Nimm's mir nicht übel, aber ich will jetzt nicht sprechen.‹ Er sagte ›okay‹ und legte auf. Ungefähr zwei Minuten später klingelte das Telefon wieder, und er sagte: ›Wenn du nicht weißt, warum du böse auf mich bist, ich weiß, warum ich böse auf dich bin.‹ Er erzählte mir, wie undankbar ich sei, und alles mögliche aus den letzten neunundzwanzig Jahren. Dann sagte er: ›Wenn du rauskriegst, was dich stört, dann ruf mich an‹, und legte auf. Danach haben wir zweieinhalb Jahre nicht miteinander geredet, bis eine meiner Schwestern mir erzählte, daß er Krebs habe. Ich rief ihn an und sagte, es tue mir leid, und fragte ihn, ob wir uns sehen könnten.«
Die Versöhnung war kein voller Erfolg. Heute, drei Jahre nach seinem Tod, sagt sie: »Es geht mir heute viel besser, da ich mich mit ihm nicht mehr auseinandersetzen muß.«

Die Beziehungen, die Elaine mit ihren Eltern hatte, haben sie später beeinflußt, besonders in ihren Verbindungen mit Frauen. »Jahrelang hatte ich mit Frauen Probleme. Ich fühlte mich bei Männern viel wohler.« Nach einer Therapie hat sich das heute geändert. »Heute habe ich viele gute Beziehungen zu Frauen, aber ich glaube, das Problem hatte mit meiner Mutter zu tun. Wir haben nie irgendwas zusammen gemacht. Niemals. Sie hat mir nicht einmal gezeigt, wie man die Zähne putzt. Immer wenn ich mich aufregte, war mein Vater der einzige, der mich tröstete. Ich hatte nie eine Frau als Rollenvorbild.«

Jennifer, so scheint es, hat in Elaines Leben immer nur eine Nebenrolle gespielt. Sie mußte erst lernen, sich mit ihr zu verständigen, und das war nicht einfach. »Womit ich vor allem zu kämpfen hatte, war meine übergroße Ehrlichkeit, bei all den Lügen, die in meiner Familie erzählt wurden. Als ich siebzehn war, faßte ich den Entschluß, niemals mehr zu lügen. Meine Mutter lügt sogar, wenn sie weiß, daß die andern wissen, daß sie lügt. Das ist total frustrierend. Ich glaube, sie erzählt den Leuten das, wovon sie denkt, daß sie es hören möchten.«

Von Zeit zu Zeit weiß Jennifer nicht, was ihr Gegenüber gerne hören möchte. Dann wechselt sie zu einer anderen Strategie über, die Elaine noch mehr frustriert. »Manchmal sagt meine Mutter genau das falsche. Es ist ungeheuerlich. Ich bin so weit, daß ich denke, ich sollte ihr nichts mehr erzählen, was wirklich wichtig für mich ist, weil ich von ihr nicht die Unterstützung bekomme, die ich brauche. Sie weiß nicht, was sie sagen soll. Sie braucht mich buchstäblich, damit ich ihr sage, wie sie auf etwas reagieren soll. Aber wer will schon jemandem etwas erzählen, wenn man ihm hinterher sagen muß: ›Liebe Mutter, ich will nicht, daß du irgend etwas dazu sagst. Ich will nur, daß du zuhörst und mir hin und wieder zu verstehen gibst, daß du mich verstehst.‹ Mit andern Worten, wenn ich jemandem erst sagen muß, wie er reagieren soll, dann ist das, als würde er überhaupt nicht reagieren.«

Das Verhalten ihrer Mutter führt Elaine auf die Tatsache zurück, daß Jennifer sich die meiste Zeit ihres Lebens geweigert hat, ihre Gefühle zu akzeptieren – besonders Ärger – und daß diese Unterdrückung bei ihr zu einer überwältigenden Traurigkeit und gelegentlichen Anfällen von Rachsucht geführt hat.

»Ich glaube, meine Mutter ist sehr unglücklich. Irgendwann unternahm ich eine Art Kreuzzug und sagte zu ihr: ›Du bist unglücklich. Du bist unglücklich. Gib's zu!‹« Aber Elaines Methode, ihrer Mutter das Licht am Ende des Tunnels zu zeigen, fruchtete nichts. Heute versucht sie, sich von ihrem Bedürfnis, ihre Mutter zu »kurieren«, freizumachen.

»Ich muß akzeptieren, daß meine Mutter nicht von heute auf morgen ein anderer Mensch wird. Nach wie vor leben wir in einer Art Haß-Liebe zueinander.«

Kim Kim, 35, ist verheiratet und lebt in Arizona. Von ihrer Mutter sagt sie, sie sei ein »Nichts«. »Wenn ich sie früher, als Teenager, fragte, ob ich irgendwas tun dürfte, dann sagte sie: ›Ich weiß nicht. Warte, bis dein Vater nach Hause kommt.‹ Wenn sie mir doch eine Antwort gab und ich damit nicht einverstanden war, dann sagte mein Vater am Abend immer etwas anderes, und das zählte dann.« Dennoch sagt Kim: »Ich finde nicht, daß sie eine schlechte Mutter war, aber gut war sie auch nicht. Wenn ich an Mütter denke, denke ich nicht an sie.«

Ihren Vater beurteilt sie anders, aber nicht weniger konfliktreich. »Mein Vater war sehr, sehr kritisch, besonders gegenüber seiner Familie. Oberflächlich verstand ich mich mit ihm. Aber als ich ein Teenager war, kamen wir überhaupt nicht miteinander zurecht. Ich habe rebelliert, mit Drogen und sexuellen Eskapaden. Die meiste Zeit hat er mein Verhalten ignoriert. Nur manchmal, wenn ich was wirklich Schlimmes gemacht hatte, bekam er Schuldgefühle und brachte mir Blumen mit. Zum Beispiel habe ich einmal eine Überdosis genommen. Danach war er eine Weile wirklich nett zu mir. Er brachte mir jeden Abend Blumen, das tat er sonst nie. Aber sonst war er selten zu Hause.«

Später entdeckte sie, daß der Grund für die häufige Abwesenheit ihres Vaters dessen Affäre mit einer anderen Frau war. Daß er diese zunächst geheimhielt, sich aber später dazu bekannte, hatte einen dauerhaften, negativen Effekt auf Kim. »Ich hatte lange den Verdacht, daß da etwas im Busch war, und ich glaube, die häufige Abwesenheit meines Vaters war auch ein Grund, weshalb ich angefangen habe, Drogen zu nehmen. Und meine Eltern stritten sich häufig. Ohne genau zu wissen, was eigentlich vor sich ging, benutzte ich die Drogen, um mit der Fremdheit zu Hause zurechtzukommen. Eines Tages hörte ich dann, wie er am Telefon mit ihr über Liebe sprach, er sagte, er wisse nicht, ob er weiß, was Liebe sei. Ich ging zu meinem Freund und sagte: ›Ich glaube, mein Vater hat ein Verhältnis.‹ Ich war fertig. Ich ging nach Hause und sprach ihn darauf an. Er gab zu, daß er ein Verhältnis habe, sagte aber, er würde es beenden.«

Er hat sein Versprechen nicht gehalten. Im Gegenteil. Kurze Zeit danach eröffnete seiner Frau, daß er sie verlassen werde. Kim war dabei. »Ich war froh darüber, um beider willen, weil es ihnen zusammen so schlecht ging, daß ich dachte: Wenn ihr nicht beide glücklich werden könnt, dann vielleicht wenigstens einer. Lange Zeit war meine Mutter böse auf mich, weil sie dachte, ich hätte mich auf die Seite meines Vaters gestellt, da ich mit der Scheidung einverstanden war. Meine Mutter wollte die Scheidung nicht. Aber ich sah einen Mann, der seine Frau nicht liebte und dennoch dreißig Jahre mit ihr gelebt hat, und daß wir deswegen nie eine Familie waren.«

Kim hat das Gefühl, daß die Geschichte ihr recht gegeben hat. »Meine Mutter ist auf jeden Fall glücklicher geworden seit der Scheidung, weil sie jetzt sieht, daß die Menschen sie um ihrer selbst willen mögen und nicht, weil sie Dans Frau ist. Jetzt, wo er tot ist, fühlt sie sich eher als Witwe denn als Geschiedene. Aber noch hat sich bei ihr nicht viel verändert. Kurze Zeit ging sie zur Therapie, so lange, bis der Arzt anfing, ihr Fragen zu stellen. Da hat sie sie abgebrochen. Sie spielt ihr Spiel ziemlich gut. Wenn es schwierig wird, macht sie einen Rückzieher. Vielleicht würde mir das auch so gehen.«

Als Jennifer ihre Töchter Elaine und Jody besuchte, stimmte sie einer Vereinbarung zu, die sie, da ist Kim sicher, sehr verletzt haben muß. Elaine und Jody bestanden darauf, daß ihre Mutter, die extra von New York nach Los Angeles gereist war, nur um sie zu sehen, in einem Hotel wohnte.

»Sie wollten keinen Krach mit ihr und fürchteten, daß meine Mutter, wenn sie die ganze Zeit um sie wäre, ihnen irgendwann auf die Nerven ginge und sie schließlich im Streit auseinandergingen. Ich muß das akzeptieren, aber es tut mir weh. Wenn meine Mutter mich besucht, wohnt sie bei mir. Sie geht mir auf die Nerven und wahrscheinlich schreien wir uns an, aber drei oder vier Tage halte ich das aus. Ich glaube, es würde mich mehr schmerzen, wenn ich zu ihr sagen müßte: ›Du mußt im Hotel wohnen, weil ich es keine vier Tage mit dir aushalte.‹«

Andererseits sagt Kim ohne Zögern, ihre Mutter habe »zu meinem Leben nichts beigetragen. Ich wollte nie so sein wie sie, weil sie nie wirklich da war.« Im selben Gespräch jedoch identifiziert sie sich mit ihrer Mutter: »Ich bin meiner Mutter ähnlicher als meine Schwestern. Die Gefühle anderer berühren mich. Ich bin eigentlich nicht selbstlos, aber vielleicht weniger selbstsüchtig als meine Schwestern. Ich wußte, daß ich meine Mutter und meinen Vater nicht ändern konnte, also mußte ich sie so akzeptieren und Dinge tun, die ich nicht wollte.« So überrascht es nicht, daß Kim sagt, sie habe kein enges Verhältnis zu ihren Schwestern. »Als Erwachsene sind wir Freunde, aber das einzige, was wir gemeinsam haben, ist, daß wir viel über unsere Eltern sprechen und darüber, wie wir waren und warum wir so sind wie wir sind.«

Jody Im Alter von 32 Jahren hat sich Jody vor kurzem für eine Ausbildung in klinischer Psychologie entschieden. Sie strebt einen Abschluß als Ehe- und Familienberaterin an, um anderen zu helfen, sich von den negativen Folgen gegenseiti-

ger Abhängigkeit zu befreien. Ihre eigene problematische Kindheit hat sie dazu motiviert. Als jüngste der drei Töchter war Jody die einzige, die die letzten Ehejahre ihrer Eltern zu Hause miterlebt hat, so daß sie das Schlimmste gesehen und gehört hat, was ihre Eltern in den dreißig Jahren ihres Versuchs zusammenzuleben zustande brachten. Eine Folge davon ist, daß Jody die Beziehung ihrer Eltern noch negativer beurteilt als ihre Schwestern.
»Meine Mutter hatte eigentlich überhaupt kein Gefühl für sich selbst. Sie war unfähig, für uns Kinder und für meinen Vater dazusein, obwohl er bei ihr an erster Stelle kam. Sie hat nur immer gespiegelt, wie er sie haben wollte. So war sie keine Herausforderung für ihn.«
Den Grund für die Unfähigkeit ihrer Mutter als Ehefrau und als Mutter kann Jody erklären: »Ich glaube, sie hatte nie viel Selbstvertrauen und keine reife Haltung dem Leben gegenüber. Sie ist nie erwachsen geworden. Sie ist ein Chamäleon, weil sie immer das sagt, was die andern von ihr hören wollen. Sie log wie gedruckt. Sie log wegen der dämlichsten Sachen. Einmal hatte sie zu Erntedank einen vorgekochten Truthahn gekauft, und wir wußten das. Ich fragte sie: ›Ist das ein vorgekochter Truthahn? Schmeckt sehr gut.‹ Und sie sagte: ›Nein, den habe ich selbst gemacht.‹ Es war zu blöde, wie sie log. Vielleicht war das ihre Art von Humor, aber ich hatte das Gefühl, daß sie überhaupt nicht ehrlich sein wollte, bei dem was sie tat oder was sie war. Oft traute ich ihren Antworten auf meine Fragen nicht. Und weil ihre Beziehung zu meinem Vater so schrecklich war, fragte ich sie auch nicht um Rat, weil ich nichts darauf gab.«
In den Augen ihres Mannes konnte Jennifer nie etwas recht machen. In Jodys Augen machte sie immer alles falsch, ganz einfach deshalb, weil sie schwach war und sich nicht gegen ihren Mann auflehnte. »Meine Mutter hat ihn zu Tode bejaht. Ihre Antwort war immer: ›Okay, okay. Wenn du es willst, ist es gut so.‹ Sie hat ihn nie herausgefordert.« Jody gibt allerdings zu, daß auch sie ihren Vater nie genügend herausgefordert hat.

Als Jody fünfzehn war, bekam die Beziehung zu ihrer Mutter einen ernsthaften Knacks. Jody und der Rest der Familie wußten damals seit ungefähr zwei Jahren von Dans Affäre. »Ich konnte an diesem Punkt die Beziehung zwischen den beiden nicht mehr aushalten.« Obwohl Jennifer böse darüber war, hat sie die Untreue ihres Mannes im wesentlichen hingenommen. »In diesen Jahren hatten meine Eltern eine Menge Auseinandersetzungen, aber immer über dieses ›Du-liebst-mich-nicht-mehr‹. Meine Mutter bestand darauf, daß wir unseren Vater nicht hassen durften, aber da war so viel Groll. Sie wußte nicht, was sie tun sollte, und hatte nicht die Kraft wegzugehen.«
Eine Folge von Jennifers Unfähigkeit war, daß sie ihre Töchter nicht gegen die harschen Erziehungsmaßnahmen ihres Vaters verteidigte. »Mein Vater sagte immer nur, sie solle den Mund halten. Er sagte: ›Du hast überhaupt nichts zu sagen.‹ So blieb meine Mutter immer im Hintergrund. Sie redete wenig. In der Familie kriegte sie keinen Fuß auf den Boden. Sie konnte immer nur dabeisitzen. Als Fünfzehnjährige habe ich bei ihr gesessen und ihr Ratschläge erteilt. Und sie goß ihre Probleme über mir aus, so daß ich das Gefühl hatte, ich müßte ihr erwachsener Vermittler und Berater sein, wo ich doch nur ein Kind sein wollte.« Jody wurde böse auf ihre Mutter, weil diese sich darauf verließ, daß sie die Rolle eines Erwachsenen übernahm.
Jodys Führungsrolle innerhalb der Familie zeitigte ein klassisches Symptom von Kindern unfähiger Eltern: Ihre Selbstachtung begann zu sinken. »Ich fühlte mich sehr verloren. Beide Eltern fanden mich großartig und meinten, ich könnte für mich selber sorgen. In der Familie hatte ich immer mehr das Gefühl zu verschwinden. Ich war unsichtbar, weil ich auf mich selbst aufpassen konnte, von niemandem etwas brauchte. Ich fühlte mich als Außenseiterin, weil niemand sich um mich kümmerte und keiner mich verstand. Wenn ich Probleme hatte und damit zu meiner Mutter ging, wischte sie sie einfach weg, ›so sind Kinder eben‹, das half mir überhaupt nichts.

Niemand gab mir das Gefühl, daß meine Gefühle etwas zählten.«

Als Erwachsene hat Jody Schwierigkeiten, ein Gefühl für sich selbst zu bekommen – genau dasselbe Problem, bei dem sie ihrer Mutter zu helfen versucht hatte. »Als Twen hatte ich Beziehungen, in denen ich sehr manipuliert wurde, ähnlich wie die zwischen meinen Eltern. Die Männer haben mich emotional schlecht behandelt, und ich habe mich nicht dagegen gewehrt. Ein Freund sagte Dinge wie: ›Wenn du mich nicht hättest, wärest du überhaupt nicht da.‹ Ein anderer hat vollständig über mich bestimmt. Ich konnte ohne seine Zustimmung nicht einmal etwas zum Anziehen kaufen – so weit war es mit mir gekommen. Aber auf diese Weise mußte ich die Beziehung zwischen meinen Eltern durchleben und überwinden. Meine Selbstachtung zwischen 23 und 28 war praktisch nicht vorhanden.«

»Der Unterschied zwischen mir und meiner Mutter ist, daß ich mich aus eigener Kraft aus dieser Beziehung befreit habe. Damals schwor ich mir, daß ich niemals wieder eine solche Beziehung eingehen wollte, in der ich emotional so mißhandelt würde. Ich erkannte, daß es nicht reichte, zu wissen, wer ich war, sondern daß ich mich auch danach verhalten mußte. Heute bin ich ehrlich. Wenn mir heute jemand versucht zu erklären, wer ich bin, dann erzähle ich ihm, wer ich bin.«

In ihrer Beziehung zu ihrer Mutter leidet Jody jedoch immer noch unter dem Gefühl, nichts wert zu sein. Sie spürt, daß sie immer noch ignoriert wird, daß ihre Mutter ihr Elaine vorzieht. »Meine Mutter und Kim finden, ich sei eine Art Ableger von Elaine. Das ist wieder so, als sei ich die unsichtbare Frau. Ich habe immer das Gefühl, ich sei ihr nicht wichtig, weil sie immer nur von Elaine spricht. Irgendwie ist es ihr zur Zeit am wichtigsten, daß Elaine sie liebt.« Den Grund dafür sieht Jody in der Tatsache, daß Dan Jennifer von ihrer ältesten Tochter abgeschnitten hat. »Mein Vater hat ihr gesagt, sie solle sich raushalten. Sie sagt, sie habe keine Beziehung zu Elaine aufbauen können. Als sie sich scheiden ließen, hatte meine Mutter das Gefühl, niemanden mehr zu haben. Es überraschte sie, daß ihre Kinder sie unterstützten, und sie war besonders überrascht, daß Elaine für sie da war. Jetzt, so scheint es, sieht sie die Aufgabe ihres Lebens darin, um Elaines Liebe zu werben.«

Jody sagt, daß es ihrer Beziehung zu Jennifer und ebenso der ihrer Schwestern zu Jennifer an Gegenseitigkeit und Balance mangelt. »Wir konnten ihr immer sagen, welche Gefühle sie in uns wachrief, aber sie konnte uns nie sagen, welche Gefühle wir in ihr wachriefen. Sie hat Angst, uns die Wahrheit zu sagen, weil sie denkt, wir würden sie dann zurückweisen.«

»Sie geht heute immer noch genauso mit uns um, wie sie immer mit allen umgegangen ist. Hätte sie zum Beispiel zu Elaine und mir gesagt: ›Das geht mir gegen den Strich. Ich will nicht im Hotel wohnen, wenn ich euch besuche‹, dann hätten wir mit ihr über unsere Gründe sprechen können. Statt dessen sagte sie zu Elaine: ›Ich weiß, wer du bist, Elaine, und ich weiß, daß ich deshalb nicht bei dir wohnen kann, also wenn ich dich sehen will, dann muß ich das zu deinen Bedingungen tun.‹ Damit manövriert sie sich in die Rolle derjenigen, die immer Kompromisse machen muß. Sie setzt ihre Gefühle und Bedürfnisse hinter die der andern. Aber sie will so behandelt werden, also wird sie auch so behandelt. Kim ist stinksauer auf mich und Elaine, weil wir das noch unterstützen. Aber solange meine Mutter nicht bereit ist, sich durchzusetzen, behandle ich sie so, weil ich auch meine Bedürfnisse habe. Mir ist klar, daß mein Vater sie so behandelt hat, aber das ist das, was meine Mutter für Liebe hält – die Bedürfnisse eines andern auf Kosten seiner selbst zu befriedigen.«

Nachbemerkung

Jennifer ist ein klassisches Beispiel für eine unfähige Mutter. Sie konzentrierte praktisch all ihre Aufmerksamkeit, ihre Energie und Liebe auf ihren Mann, der sich seinerseits nichts aus ihr machte. Im Lauf ihrer dreißigjährigen Ehe machte sich Jennifer zum Fußabtreter, um ihre Liebe zu Dan unter Beweis zu stellen. Sie liebte ihn wie eine Besessene, war geradezu abhängig von ihm, was ihrem Leben und dem ihrer Kinder letztlich ebenso geschadet hat wie offensichtlichere Abhängigkeiten, etwa Arbeitssucht oder Alkoholismus.

Elaine, Kim und Jody wurden von ihrer Mutter in vieler Hinsicht alleingelassen. Elaine war Dans Lieblingskind, das er dominierte und von der Mutter buchstäblich abschottete. Jennifer hielt sich heraus, anstatt darauf zu bestehen, daß sie ebenfalls eine Rolle in der Erziehung ihres Kindes spielte. Bis heute ist Elaine noch immer die Heldin der Familie und wird von Jennifer hofiert.

Jennifer hat Kim und Jody alleingelassen, indem sie die Rollen mit ihnen tauschte. Als sie Teenager waren, holte sie sich von ihnen beiden Rat und Hilfe, besonders als ihr liebloser Mann sie mit einer weitaus jüngeren Frau betrog. Alle drei Töchter haben Symptome gegenseitiger Abhängigkeit gezeigt, die direkt mit ihrer Erziehung zusammenhängen. Elaine hatte jahrelang unerklärliche Angstzustände. Kim wurde der Sündenbock, die Rebellin der Familie. Jody hatte Schwierigkeiten in ihren Männerbeziehungen, wo sie das Beziehungsmuster ihrer Eltern wiederholte.

Auch Jennifer litt darunter, daß sie nie die Achtung ihrer Töchter zurückgewinnen konnte. Sie ist mit den Jahren nur wenig reifer geworden. Ihre Töchter halten sie für kindisch.

Wie jede Familie erholen sich Jennifer und ihre Töchter mit der ihnen jeweils eigenen Geschwindigkeit. Jennifer ist glücklicher als sie jemals war, aber ihre Unfähigkeit hat sich kaum geändert. In ihrem lebenslangen Versuch, das Ungewinnbare zu gewinnen, hat sie Dan durch Elaine ersetzt. Jennifer will, daß Elaine sie liebt, sie die Mutter sein läßt, die sie so lange nicht gewesen war. Bis heute ist Elaine nicht darauf eingegangen. Und so wiederholt Jennifer ihr Verhaltensmuster als Fußabtreter, um ihrer Tochter das zu entlocken, was diese ihr nicht geben will.

Von außen gesehen, war es für mich schwer, für Jennifers grundlegende emotionale Unfähigkeit und ihre Einsamkeit etwas anderes zu empfinden als Mitleid. Dieses Mitleid hat mich eines deutlich gelehrt: Vergeben.
Kein Zweifel, Jennifers Unfähigkeit hat ihren drei Töchter viel Kummer und Schmerz bereitet, aber auch sie hat unter ihrem Leben gelitten, das von der Sucht nach Liebe geprägt und voller Bedauern und voller gegenseitiger Beschuldigungen war.
Ebenso wahr ist, daß die Spielsucht meines Vaters die Ursache dafür war, daß er seiner Verantwortung als Vater nie gerecht wurde. Dennoch, wenn ich über meine eigene Vergangenheit mit einem unfähigen Vater nachdenke, dann sehe ich ihn heute in einem anderen Licht: Ich glaube einfach nicht, daß mein Vater seine Kinder verletzen *wollte*, also muß ich daraus schließen, daß er sich so verhalten mußte, weil er die Kontrolle über sein Leben verlor, besonders als er spielsüchtig wurde.
Ich bekam Mitleid mit meinem Vater, als ich feststellte, wie ähnlich seine gegenseitige Abhängigkeit dem Verhalten Jennifers war. Ihr fundamentales Unglück brachte mich dazu, darüber nachzudenken, was mein Vater an jedem Tag seines Lebens durchgemacht haben muß. Jennifers Aussage half mir zu verstehen, für wie ohnmächtig sich unfähige Eltern halten. Ich begann, ihm ernsthaft zu vergeben, als ich schließlich erkannte, wie blind mich mein eigener Schmerz gemacht hatte, so daß ich nicht mehr sehen konnte, daß mein Vater für seine Fehler selbst einen viel höheren Preis bezahlt hat.

Versuchen Sie, Ihren Eltern deren Unfähigkeit zu vergeben. Notieren Sie auf einer Liste die fünf schlechtesten Gewohnheiten Ihrer Eltern, diejenigen, die Ihnen in Ihrer Kindheit am meisten zugesetzt haben und Ihnen vielleicht noch heute zu schaffen machen. Dann machen Sie rechts davon eine Spalte unter der Überschrift »Gefühle« und notieren Sie dort die Gefühle, die mit diesen Gewohnheiten im allgemeinen verbunden waren. Wenn Sie zum Beispiel einen Elternteil haben, der häufig lügt, dann schreiben Sie das als Gewohnheit hin. In der Spalte »Gefühle« schreiben Sie dann vielleicht »Angst und Unsicherheit«.

Wenn Sie oder Ihr Partner als Eltern gelegentlich Unfähigkeit zeigen, dann arbeiten Sie diese Übung durch und listen Sie ehrlich diejenigen Gewohnheiten gegenseitiger Abhängigkeit auf, die Ihnen am unangenehmsten sind. Denken Sie darüber nach, was Sie fühlen, wenn Sie sich so verhalten. Ob Sie sich oder Ihre Eltern einer genauen Prüfung unterziehen, die Tabelle wird Ihnen zeigen, daß wir alle nur Menschen sind.

Teil III
Befreiung von gegenseitiger Abhängigkeit: Loslassen, Gewohnheiten aufbrechen

Jetzt wissen Sie, welches Erziehungsmodell gegenseitiger Abhängigkeit Sie jahrelang praktiziert haben, und möglicherweise haben Sie jetzt Schuldgefühle, weil Sie Ihrem Kind damit geschadet haben. Im dritten Teil dieses Buches lernen Sie Mittel und Wege kennen, Ihren Schmerz und Ihre Schuldgefühle zu überwinden und das Loslassen zu lernen.

Kapitel 8 erklärt die Unterschiede zwischen verschiedenen Reaktionen: Zufluchtnahme in Schuldzuweisungen, Lähmung durch Schuld und Akzeptieren der Verantwortung. Kapitel 9 erläutert einen Weg zur Befreiung, der Ihnen vielleicht neu ist: Befreiung, beziehungsweise Loslassen ist kein endgültiger Zustand, sondern ein Prozeß, mit dem Sie das ganze Leben lang beschäftigt sein werden.

Das Vier-Phasen-Programm in Kapitel neun soll Ihnen dazu verhelfen, und zwar anhand einer Reihe von Übungen. Diese sollen Ihnen helfen, Frieden zu schließen: Mit Ihren Eltern, mit sich selbst und mit Ihren Kindern. Um eine unterstützende Mutter oder ein unterstützender Vater zu werden.

8. Die Wahrnehmung aushalten

Daß ich in gegenseitiger Abhängigkeit lebte, habe ich entdeckt, als ich für ein anderes Buch recherchierte: *Parents Who Help Their Children Overcome Drugs*[10]. Diese Entdeckung brachte mich mehrere Monate lang ins Schleudern. Natürlich wußte ich, daß ich nicht vollkommen war, daß ich einige höchst ungesunde Gewohnheiten entwickelt hatte. Und zu einem gewissen Grad hatte ich auch schon angefangen, an mir zu arbeiten, jedenfalls an einigen leicht erkennbaren Gewohnheiten, die ich ändern wollte, zum Beispiel die, andere wie mich selbst ungerechtfertigt zu tadeln. Aber die Erkenntnis, daß das Profil einer abhängigen Persönlichkeit auf mich zutrifft, daß ich abhängig war von dem Gefühl, gebraucht zu werden, das schmetterte mein ganzes Selbstbild nieder.

Den größten Teil meines Erwachsenenlebens habe ich die Rolle der Familienheldin gespielt: Ich war die Supererfolgreiche. In den letzten Jahren, als herauskam, daß meine Schwester kokainabhängig war, nahm ich diese Heldenrolle sogar noch ernster. Als Superfrau versuchte ich jetzt nicht nur im Beruf, Erfolg zu haben, sondern auch meinen Körper in Bestform zu halten. Die Erhaltung meiner Gesundheit bekam für mich eine ganz neue Bedeutung. Zusätzlich zu meiner vegetarischen Ernährung nahm ich mir einen Einzeltrainer und begann mit Hanteltraining. Die Wochenenden verbrachte ich mit Jogging, um meine Beine zu kräftigen. So war die Erkenntnis, daß meine Arbeitssucht und mein Bedürfnis, das Leben meiner Schwester und meines Sohnes zu kontrollieren, von gegenseitiger Abhängigkeit zeugten, ein ziemlicher Schock für mich, auf den ich mit einem monatelangen Versteckspiel reagierte.

In erster Linie mußte ich mich damit auseinandersetzen, daß mein Selbstwertgefühl gelitten hatte, und das tat weh. Ich mußte erkennen, daß meine Seele längst nicht so gesund war, wie ich gedacht hatte. Und noch härter traf mich die Erkenntnis, daß ich damit auch meiner Schwester und meinem Sohn, die ich beide innig liebte, Schaden zugefügt hatte. So litt ich unter einem angeschlagenen Selbstbild, überwältigenden Schuldgefühlen und Angst, die ich zu verbergen suchte. Ich wollte nicht, daß mein erwachsener Sohn mir für all seine Probleme die Schuld geben würde. Das war ein besonders wunder Punkt, da ich mir doch geschworen hatte, niemals dieselben Erziehungsfehler zu machen wie meine Mutter. Dabei hatte ich einiges davon bei der Erziehung meines Sohnes genau kopiert.
Es dauerte viele Monate, bevor ich mit meinem Sohn über mich sprach, darüber, daß ich seine Gefühle meinem Willen unterworfen habe, um mich selber gut zu fühlen. Meine schlimmsten Befürchtungen, wie er wohl darauf reagieren werde, haben sich jedoch nicht bestätigt. Er hat mich nicht angegriffen. Er stellte mir Fragen, wir begannen zu reden und wir reden immer noch. Indem ich mit ihm über meine Schwächen sprach, schuf ich die Grundlage dafür, daß auch er mir seine Schwächen mitteilen konnte. Unsere Beziehung hat sich dadurch stetig verbessert.
Möglicherweise hadern Sie jetzt mit ähnlichen Gefühlen wie ich damals: Schrecken, Desillusionierung, Schuldgefühle und die Angst, Ihr Kind könnte Ihnen Vorwürfe machen. Darauf müssen Sie gefaßt sein. Diese Gefühle sind der Anfang der Befreiung. Auch wenn Sie sich in diesem Augenblick schlecht fühlen, Sie haben die Mauer des Leugnens und Verdrängens durchbrochen, Sie erkennen Ihre Geschichte gegenseitiger Abhängigkeit, und das ist der erste Schritt auf einem Weg, auf dem Sie lernen werden, einige Ihrer menschlichen Schwächen zu überwinden. Mit dieser neuen Selbstwahrnehmung zurechtzukommen, fällt jedoch nicht leicht. Es sind sehr unangenehme Gefühle, die da aufgewühlt werden, wenn Eltern ihre gegenseitige Abhängigkeit

aufdecken. Aber je mehr Sie über diese Gefühle, an die Sie sich wahrscheinlich klammern, erfahren, desto leichter wird es Ihnen fallen, sich davon zu lösen.

Lösen Sie sich von Schuldzuweisungen und -gefühlen, stellen Sie sich der Verantwortung

Schuldzuweisungen und Schuldgefühle stehen in direktem Zusammenhang mit Strafe. Wenn diese Gefühle zwischen Eltern und Kindern aufkommen, dann geht es im allgemeinen darum, daß die Liebe des einen zum andern scheinbar in Frage steht. Wenn eine Mutter oder ein Vater Angst hat, die Schuld für Probleme ihres oder seines Kindes auf sich zu nehmen, dann fürchtet sie oder er, von dem Kind später für die Erziehungsfehler bestraft zu werden. Die gefürchtete Strafe besteht darin, daß das Kind dem Elternteil seine Liebe entziehen könnte, auch wenn solche Ängste nur selten ausgesprochen werden. Dies war auch meine unterschwellige Angst.

Wer andererseits viele Schuldgefühle mit sich herumträgt, bestraft sich selbst dafür, daß er nicht dem eigenen Wertsystem entsprechend lebt und handelt. Er leidet darunter, daß er mindestens drei seiner eigenen moralischen Prinzipien bricht: Erstens, daß Eltern perfekt sein sollten, zweitens, daß elterliche Perfektion bedeute, daß man hervorragend für sein Kind sorgt, und drittens, daß diese hervorragende Sorge am besten geeignet sei, die elterliche Liebe unter Beweis zu stellen. Ich hatte Schuldgefühle, als ich erkannte, daß ich dafür gesorgt hatte, daß auch mein Sohn in gegenseitiger Abhängigkeit lebte. Ich fühlte mich als schlechte Mutter, weil meine Unsicherheit in meinen Augen Versagen war. Ich hatte das Gefühl, meinen Sohn in Wirklichkeit überhaupt nie wirklich geliebt zu haben. Ich bestrafte mich selbst, indem ich mich an meine Seelenqual und an mein Selbstmitleid klammerte. Ich wurde depressiv. Ich unternahm nichts,

um mir oder meinem Sohn in dieser Phase zu helfen. Zwischen der Furcht vor Vorwürfen und meinen Schuldgefühlen war ich völlig gelähmt.
So machen Schuldzuweisungen und Schuldgefühle ohnmächtig. Als Eltern sind wir ohnmächtig, wenn wir uns durch unsere Ängste und Selbstanklagen davon abhalten lassen, uns zu ändern. Wir hindern uns selbst daran, unser eigenes Leben und das unserer Familie zum Besseren zu wenden, wenn wir uns von Selbstanklagen und Schuldgefühlen so schrecken lassen, daß wir unsere gegenseitige Abhängigkeit leugnen und den Status quo erhalten, der uns das Gefühl gibt, immer im Recht zu sein. Die Leugnung richtet sich gegen uns selbst, weil darin eine selbstgerechte Moral zum Tragen kommt, die uns ermutigt, uns hinter einem Panzer scheinbarer Vollkommenheit zu verstecken. Dieser Panzer wird uns eines Tages ersticken. Am Schluß sind wir in ihm eingesperrt, wo wir doch dachten, er würde uns beschützen.
Ich konnte meinen Rückzug stoppen, als ich entdeckte, daß ich meine Situation auch noch anders betrachten konnte. Sicher, ich hatte Fehler gemacht. Ich lebte in gegenseitiger Abhängigkeit und ich konnte nicht leugnen, daß ich dadurch auch meinem Kind zeitweise Schaden zugefügt hatte. Aber das mußte ja nicht so bleiben. Ich merkte, daß ich die Ursachen meiner Schuldgefühle eliminieren konnte, indem ich die moralischen Prinzipien veränderte, die meinem Wertesystem zugrundelagen. Beispielsweise trennte ich mich von dem Glauben, daß Eltern perfekt sein müssen, und setzte mir statt dessen eine realistischere Regel: Gesunde Eltern streben nach Ehrlichkeit, nicht nach Perfektion. Ich lernte auch, Verantwortung zu akzeptieren statt mir selbst Vorwürfe zu machen. Dadurch konnte ich meine Fehler akzeptieren, sie betrauern und dann mit Kraft und dem Vorsatz, es in Zukunft besser zu machen, vorwärtsgehen. Als ich meine Selbstvorwürfe und meine Schuldgefühle einmal aufgegeben hatte, gewann ich die Kontrolle über mein Handeln zurück, ohne meine Geschichte oder meine Gefühle leugnen zu müssen. Statt

dessen akzeptierte ich die Verantwortung und damit auch mich selbst. Und ich akzeptierte, daß wir manchmal Fehler machen.

Fordern Sie den Status Quo heraus

Zugegeben, es ist nicht leicht, eingeschliffene Gewohnheiten gegenseitiger Abhängigkeit aufzubrechen, besonders da dies bedeutet, daß wir uns als Eltern in anderem Licht sehen und vielleicht zum erstenmal unsere Symptome erkennen müssen. Wenn wir uns für Befreiung und Loslassen entscheiden, dann müssen wir den Status Quo herausfordern. Der gegenwärtige Stand der Dinge in den meisten Familien spiegelt eine komplexe Dynamik, die normalerweise unbewußt bleibt und praktisch immer schon seit langer Zeit besteht. Die Gewohnheiten gegenseitiger Abhängigkeit werden routinemäßig und unbewußt von Generation zu Generation weitergegeben. Sie sind oft subtil und grundlegend mit unserem Selbstwertgefühl, unserem Selbstbild und der Beziehung zu unseren Eltern verbunden – gleichgültig, ob diese noch leben oder schon tot sind. Die Übungen der Kapitel drei bis sieben haben Ihnen geholfen herauszufinden, was bisher in Ihrem Leben geschehen ist, damit Sie klarer sehen können, was genau Sie ändern müssen und warum.

Eltern sind Opfer von Opfern

Am Ende von Kapitel drei wurden Sie gebeten, mindestens drei Bereiche anzugeben, in denen Sie gegen Ihre Eltern gekämpft haben, und dann zu untersuchen, wie Sie sich in genau diesen Bereichen Ihren Kindern gegenüber verhalten. Hat es Sie überrascht zu entdecken, daß Sie einiges von dem, was Ihre Eltern Ihnen zugefügt haben, auch Ihren Kindern zufügen? Haben Sie dadurch einige der gegenseitigen Abhängigkeiten zwischen sich und Ihrem Kind entdeckt?

Einer der Hauptkonflikte, den ich mit meiner Mutter hatte, hing mit ihrer fordernden Art zusammen, die auf ihrem unbeirrbaren Glauben beruhte, daß sie immer im Recht und ich immer im Unrecht sei. Daher hatte ich mir fest vorgenommen, niemals so rigide zu werden wie sie es war. Doch als ich viele Jahre später meinen Sohn fragte, woran ich in unserer Beziehung seiner Meinung nach arbeiten müßte, sagte er: »Mutter, du willst immer recht haben, und es ist sehr schwer für mich, damit umzugehen.« Mir gegenüber beklagten sich wiederum Freundinnen meines Sohnes darüber, daß er immer recht haben wollte.

Die Übung in Kapitel drei sollte Ihnen helfen einzusehen, daß genauso wie Sie ein Opfer der gegenseitigen Abhängigkeit Ihrer Eltern waren, Ihr Kind ein Opfer Ihrer gegenseitigen Abhängigkeit sein wird – wenn Sie nicht versuchen, den Teufelskreis zu durchbrechen. Diese Übung kann Ihnen auch dabei helfen, Ihre Eltern in anderem Licht zu sehen. Als Mutter oder Vater wollten Sie das Beste für Ihr Kind, dessen sind Sie sich sicher. Und trotzdem haben Sie Fehler gemacht, weil Sie gegenseitig abhängige Gewohnheiten von Ihren Eltern übernommen haben. Wenn das in Ihrem Fall so ist, ist es dann nicht auch möglich, daß es für Ihre Eltern ebenso gilt? Macht es Sinn, ein Opfer anzuklagen? In Kapitel 9 finden Sie Übungen, die Ihnen helfen werden, Ihrem Kind das weiterzugeben, was Sie über sich selbst lernen. Damit Ihre Tochter oder Ihr Sohn anfangen kann, Sie in einem besseren Licht zu sehen, ebenso wie Sie Ihre Eltern anders wahrnehmen.

Für die Übung in Kapitel vier sollten Sie mindestens fünf Ereignisse aus Ihrer Kindheit auflisten, die einen wichtigen Wendepunkt in Ihrem Leben darstellten. Dann sollten Sie eine ähnliche Liste erstellen von Ereignissen zwischen Ihnen und Ihrem Kind, von denen Sie glauben, daß sie für Ihr Kind wichtig waren. Fanden Sie die zweite Aufgabe schwieriger als die erste? Hatten Sie Probleme, fünf solche Ereignisse im Leben Ihres Kindes zu finden?

Für mich war das zunächst schwierig, weil ich das Problem insgesamt geleugnet habe. Aber dann erinnerte ich mich an eine Unterhaltung mit meinem dreizehnjährigen Sohn einige Jahre zuvor, bei der er mehrere Stunden lang ein Ereignis nach dem andern aufzählte, wo er sich schlecht behandelt fühlte. Die Übung in Kapitel vier sollte Ihnen helfen zu verstehen, wie stark der Einfluß ist, den wir als Eltern auf unsere Kinder ausüben.
Diese Übung führt Ihnen auch vor, was es bedeutet, sich mit den Augen der Kinder zu sehen. Können Sie ehrlich behaupten, daß das Urteil Ihres Kindes über Sie mit Ihrem Selbstbild übereinstimmt? Ist es so, wie Sie sich sehen oder wie Sie immer sein wollten? Wenn nicht, dann finden Sie in Kapitel neun einige Übungen, die Ihnen und Ihrem Kind helfen werden, alte Wunden zu heilen und Ihre Beziehung wieder aufzubauen.

Liebe ohne Angst

In der Übung von Kapitel fünf sollten Sie mindestens fünf Dinge aufzählen, die Sie gegen Ihre eigene Überzeugung gemacht haben, um Ihrem Kind eine Freude zu bereiten. Außerdem sollten Sie genau über Ihre jeweiligen Motive Auskunft geben. Erscheinen Ihnen diese Motive auf den ersten Blick vornehm und selbstlos?
Betrachten Sie sie genauer: Haben Ihre Rechtfertigungen etwas gemeinsam, etwa die unterschwellige Angst, die Liebe Ihres Kindes zu verlieren? Wenn das der Fall ist, haben Sie eine Ahnung, warum Sie glauben, daß die Liebe ihres Kindes so leicht zerstörbar ist? Mary, die Mutter im Familienprofil des fünften Kapitels, gibt zu, daß sie ihren zweiundzwanzigjährigen Sohn immer noch versorgt und verwöhnt, weil sie Angst hat, sonst seine Liebe zu verlieren. Als er zum Interview nicht auftauchte, tat sie alles, um ihn in Schutz zu nehmen.
Diese Übung sollte Ihnen helfen, Ihr überbehütendes Verhalten

als das zu erkennen, was es ist: Ein Tauschhandel gegen die Liebe Ihres Kindes, mit dem Sie ihre eigenen Ängste vor Unzulänglichkeiten verdecken. In Kapitel neun finden Sie Übungen, die Ihnen zu mehr Selbstachtung verhelfen können. Damit Sie Wege finden können, Ihre Liebe zu Ihrem Kind auf zuträglichere Weise auszudrücken, und damit Sie darauf vertrauen lernen, daß Ihr Kind Sie um Ihrer selbst willen lieben wird.

Wer ist die Nummer eins?

Am Ende von Kapitel sechs sollten Sie auflisten, wieviel Zeit Sie für die wichtigsten Aktivitäten in Ihrem Leben aufwenden und wer davon jeweils am meisten profitiert – Ihre Kinder oder Sie. Ebenso wie überbehütende beharren auch distanzierte Eltern (etwa arbeitssüchtige) oft darauf, daß sie alles nur zum Besten ihres Kindes tun. In diesem Fall sollten Sie sich fragen, ob Ihr Kind schon mal den Wunsch geäußert hat, daß Sie ihm lieber mehr Zeit statt mehr Geld oder materielle Güter schenken. Wenn ja, dann fragen Sie sich noch einmal, warum Sie so viel arbeiten. Ich selbst habe entdeckt, daß meine Arbeitssucht nur sehr wenig mit dem Wohlergehen meines Sohnes zu tun hatte. Statt dessen fand ich heraus, daß ich unbewußt danach schielte, die Nummer eins zu werden, um die Anerkennung meiner Eltern zu gewinnen.

Auch diese Übung soll Ihnen Ihre gegenseitige Abhängigkeit deutlich machen, damit Sie lieber Ihr Verhalten verändern, statt sich zu verstecken. Einige Übungen in Kapitel neun werden Ihnen helfen, die Konflikte mit Ihren eigenen Eltern zu lösen, damit Sie sich nicht zu einem Leben verdammt fühlen, in dem Sie immer nur strampeln müssen, um die Liebe Ihrer Eltern zu gewinnen.

Irren ist menschlich

Am Ende von Kapitel sieben sollten Sie mindestens fünf Gewohnheiten Ihrer Eltern auflisten, mit denen Sie am schlechtesten zurechtkamen. Diesen Gewohnheiten sollten Sie die entsprechenden Gefühle zuordnen. Wenn auch Sie sich als unfähige Mutter beziehungsweise als unfähiger Vater erkannt haben, dann sollten Sie diese Übung auch im Hinblick auf sich selbst machen. Überraschte Sie das, was Sie über sich und Ihre Eltern herausgefunden haben?

Ich wußte bereits, daß mein Vater unsicher war, da er die Konfrontation mit meiner Mutter und anderen Menschen scheute. Aber bei dieser Übung habe ich noch etwas anderes festgestellt: daß mein Vater keine Hoffnungen mehr hatte, daß er verzweifelt war. Diese Einsicht half mir, ihm schließlich zu verzeihen. Diese Übung sollte Ihnen helfen, sich und Ihre Eltern mit mehr Anteilnahme zu betrachten. Niemand ist vollkommen. Wir alle machen manchmal ungeheure Fehler, einfach weil wir Menschen sind. Wenn Sie sehen, daß Ihre Eltern Menschen sind wie andere auch, dann können Sie akzeptieren, daß Sie in Ihrer Beziehung zu Ihrem Kind ebenfalls menschliche Schwächen haben. In Kapitel neun finden Sie Übungen, die Ihnen helfen werden, nicht nur Ihren Eltern, sondern auch sich selbst die Fehler zu verzeihen. Andere Übungen zeigen, wie Sie Ihrem Kind helfen können, Ihnen zu verzeihen.

Ein neues Image

Im Grunde sollen Ihnen alle Übungen in diesem Buch helfen, die Multidimensionalität Ihrer Eltern, Ihrer selbst und Ihrer Kinder zu entdecken. Das soll heißen, daß Sie sich und die andern Mitglieder Ihrer Familie klarer sehen können. In der Beziehung zwischen gegenseitig abhängigen Eltern und Kindern ist es besonders wichtig, daß unsere Kinder uns so sehen, wie wir wirklich sind, denn Erziehung in gegenseitiger Abhängigkeit beruht vor allem darauf, daß wir glauben, unsere Gefühle verstecken zu müssen, und so den Boden für das Mißtrauen bereiten. Abhängig von der Dynamik zwischen Eltern und Kindern ist auch die Neigung vieler Mütter und Väter, sich als Helden darzustellen – oder auch als deren Gegenteil, als böse Hexe. Diese Selbstbilder bringen uns beide in Schwierigkeiten.

Eltern, die sich das Heldenimage zulegen, stellen sich entweder selbst aufs Podest oder gestatten ihren Kindern, sie aufs Podest zu heben, damit sie nicht mehr angreifbar sind. Tadelnde, fordernde und überbehütende Eltern fallen mehr oder weniger in diese Kategorie. Diesen Eltern ist gemeinsam, daß sie ihre Kinder durch ihre Selbstgerechtigkeit kontrollieren. Tadelnde und fordernde Eltern tun dies offen, überbehütende tun es verdeckt. Da niemand immer im Recht sein kann, ist ihre Position anstrengend und unsicher, da sie sich selbst ständig beobachten müssen, um die Fassade zu wahren. Paradox ist, daß deren Kinder oft zu Rebellen oder Sündenböcken werden, die sich irgendwann zum schlimmsten Alptraum ihrer Eltern entwickeln. Rebellische Kinder suchen nach Wegen, ihre Eltern vom Thron zu stoßen.

Andererseits legen sich Mütter und Väter, deren Kinder wenig von ihnen erwarten – zum Beispiel unfähige oder distanzierte Eltern – das Image der bösen Hexe zu. In diesem Fall erfährt das Kind den Elternteil als jemanden, der kaum das tun wird, was jeweils richtig oder angemessen wäre. Diese Eltern »kommen davon«, ohne zu erziehen, da ihre Kinder kaum etwas von ihnen erwarten. Doch auch sie zahlen einen hohen Preis. Die Eindimensionalität zwingt solche Eltern ebenso in ein Gefängnis wie der Heiligenschein des Heldenimages sie vieler Verhaltensmöglichkeiten beraubt. Ihre Kinder neigen später dazu, die positiven Eigenschaften ihrer Eltern zu unterschätzen, so daß es sich für diese Eltern nicht auszahlt, dieses Image zu pflegen.

Wenn man aus diesen Beobachtungen einen Schluß ziehen kann,

dann den, daß letzten Endes seelische Gesundheit und Wohlergehen gegenseitig abhängiger Eltern und ihrer Familien nur dann zu erreichen ist, wenn diese Eltern bereit sind, ihr früheres Image aufzugeben und ein neues anzunehmen: eines Menschen, der dabei ist, sich und seine Kinder aus gegenseitiger Abhängigkeit zu befreien.

9. Befreien und loslassen

Als distanzierte Mutter habe ich mich hinter einer egoistischen Definition von Freiheit versteckt. Freiheit hieß für mich, daß ich das Recht hatte, eine arbeitssüchtige Karrierefrau zu werden, selbst wenn ich dadurch kaum Zeit für meinen Sohn erübrigen konnte. Ich plädiere hier keineswegs dafür, Berufstätigkeit zugunsten der Kindererziehung aufzugeben. Aber im Rückblick wird mir klar, daß ich meine überzogenen beruflichen Ambitionen unbewußt einsetzte, um mich nicht mit den Gefühlen meines Kindes befassen zu müssen. Angesichts meiner eigenen Kindheit fiel es mir leichter, mich meiner Karriere als meinem Sohn zu widmen. Heute merke ich, daß Freiheit sehr stark mit meinem Willen zusammenhängt, die Gewohnheiten gegenseitiger Abhängigkeit zu überwinden. Solange ich mich vor Gefühlen fürchte, wird mein Kind unausweichlich seelischen Schaden erleiden. Die Entscheidung für Befreien und Loslassen bedeutet, sich und seinem Kind mehr Handlungsmöglichkeiten denn je zu eröffnen. Und noch etwas: Wenn Sie sich dafür entscheiden, ihre gegenseitige Abhängigkeit aufzugeben, dann haben Sie und Ihr Kind zum erstenmal die Chance, Ihr wahres Selbst kennenzulernen.

Das Wesen der Befreiung

Sein wahres Selbst kennenzulernen ist längst nicht so einfach wie es sich vielleicht anhört. Lebenslange Gewohnheiten abzulegen erfordert vielfältige Anstrengungen. Ein großer Teil der eigenen Persönlichkeit ist unbewußt. Die Psychoanalytikerin Alice Miller erklärt dieses Phänomen in ihrem Buch: *Das Drama des begabten Kindes und die Suche nach dem wahren Selbst.* Sie bezeichnet die Persönlichkeit vor dem Befreiungsprozeß als »Als-ob- Persönlichkeit«. Diese beschreibt sie als einen Erwachsenen, der von früher Kindheit an gelernt hat, durch sein Verhalten nur das zu offenbaren, was seinen Eltern Freude macht. Mit der Zeit verschmilzt »diese Als-ob-Persönlichkeit so mit dem Gezeigten ... daß man ... kaum ahnen würde, wieviel Anderes hinter dem ›maskierten Selbstverständnis‹ (vgl. Habermas, 1970) noch in ihm ist. Das wahre Selbst kann sich nicht entwickeln und differenzieren, weil es nicht gelebt werden kann.«[11]

Die Symptome gegenseitig abhängiger Erziehung zu überwinden, bedeutet also zu lernen, wie man sein wahres Selbst offenbaren und wie man damit leben kann. Und es bedeutet auch, das Kind zu ermutigen, dasselbe zu tun. Als ich zum erstenmal überlegte, was ich von meinen Befreiungsversuchen profitieren würde, war ich enttäuscht. Mit den Augen einer gegenseitig Abhängigen sah ich den goldenen Topf am Fuße des Regenbogens darin, daß ich mich von einer distanzierten Mutter in die perfekte Supermutter verwandeln würde. Mich mit so vielen schmerzlichen Gefühlen herumzuschlagen, nur um zu lernen, unbelastet ich selbst zu sein, das erschien mir kaum der Mühe wert, da ich doch keineswegs garantieren konnte, was da am Ende für ein Produkt herauskommen würde – mein wahres Selbst. Und ich wollte schnelle Ergebnisse. Ich glaubte, es müsse möglich sein, einen Tag, ja, den Augenblick festzulegen, wann ich mich plötzlich in einen unglaublich gesunden Menschen verwandelt haben würde. Diesem Denken lag jedoch der Wunsch zugrunde, daß ich die Zeitspanne begrenzen wollte, in der ich mich mit Gefühlen befassen mußte, die ich so lange geleugnet hatte, daß ich die Anstrengung zu minimieren suchte, die es bedeutete, mich von den schwer zu handhabenden Gewohnheiten gegenseitiger Abhängigkeit zu lösen. Kurz: Ich wollte eine schnelle, leichte und schmerzlose Formel für den Prozeß des Loslassens.

Inzwischen habe ich festgestellt, daß so unrealistische Erwartungen an diesen Prozeß normal sind. Es ist keineswegs überraschend, daß Eltern ihn möglichst schnell durchlaufen wollen, damit sie sich so bald wie möglich als gesunde Eltern fühlen können. Befreien und Loslassen ist jedoch ein Prozeß, der uns für den Rest unseres Lebens in Anspruch nehmen wird. Aber: Wenn wir uns diesem Prozeß unser ganzes Leben lang widmen, dann werden wir und unsere Kinder auch unser ganzes Leben hindurch dafür belohnt.
Heilung ist kein Status. Der Weg ist das Ziel. Oder: Wir sind gesund, solange wir nach Heilung streben, wenn wir verstehen, daß die Selbst-Erkenntnis (und die unserer Familienmitglieder) ein sich ständig fortsetzendes Ziel ist, das ständige Belohnung verspricht.

Das Vier-Phasen-Programm

Auf den restlichen Seiten dieses Kapitels wird ein Vier-Phasen-Programm vorgestellt, das Ihnen helfen wird,

1. mit Ihren Eltern Frieden zu schließen,
2. mit sich selbst Frieden zu schließen,
3. mit Ihrem Kind Frieden zu schließen, und
4. unterstützende Eltern zu werden.

Jede Phase dieses Programms wird von Übungen begleitet, die alle miteinander verbunden sind. Jede von Ihnen berührt alle vier Phasen, und alle Übungen bauen aufeinander auf. Alle Übungen helfen Ihnen, lang unterdrückte Gefühle zu akzeptieren und mit ihnen umzugehen, ungesunde Gewohnheiten loszuwerden, die sie von Ihren Eltern übernommen haben, und eine bessere Beziehung zu Ihrem Kind aufzubauen.
Dieses Vier-Phasen-Programm geht davon aus, daß Symptome gegenseitiger Abhängigkeit bewußt oder unbewußt eine Rolle spielen in einer Entwicklung, die allen Beteiligten Minderwertig-

keitsgefühle verursacht und diese immer wieder verstärkt. Daher können Sie nicht nur sich selbst, sondern müssen Sie gleichzeitig auch Ihr Kind aus der gegenseitigen Abhängigkeit befreien, es loslassen.

Die ersten beiden Phasen dienen der Vorbereitung. Sie helfen Ihnen, sich von den jahrelangen Gewohnheiten gegenseitiger Abhängigkeit zu trennen. Außerdem wird gezeigt, wie Sie Ihre Beziehung zu Ihren eigenen Eltern klären können, von denen Sie Ihre Gewohnheiten gegenseitiger Abhängigkeit übernommen haben. Die Phasen drei und vier sollen Ihnen helfen, den Prozeß zu Ende zu führen, so daß Sie schließlich Ihr Ziel erreichen: Ihr Kind loszulassen und damit gleichzeitig Ihre eigene Geschichte gegenseitiger Abhängigkeit zu überwinden. Sie werden sehen, wie Sie Ihre Tochter oder Ihren Sohn in Ihren Gesundungsprozeß einbeziehen können. Die vierte Phase liefert Ihnen außerdem Anhaltspunkte dafür, wie Sie neue Gewohnheiten etablieren können, die ein neues Elternmodell reflektieren: Das Modell der unterstützenden Eltern, die ihr Kind dabei unterstützen, ohne seelischen Schaden erwachsen zu werden.

Erste Phase: Frieden mit den Eltern

Eine der schwierigsten Aufgaben war für mich, meinen Eltern zu verzeihen. Selbst nachdem ich am eigenen Leib erfahren habe, wie schwierig es ist, Mutter (entsprechendes gilt natürlich auch für Väter!) zu sein, konnte ich kaum Verständnis aufbringen für die Fehlurteile und Fehlleistungen meiner Eltern bei meiner Erziehung. Der Groll, den ich gegenüber meinen Eltern hegte, verursachte mir wiederum Schuldgefühle. Erst nach jahrelangen Bemühungen fand ich heraus, was mich hinderte, den Groll zu überwinden: Ich sah meine Eltern nicht als wirklich mehrdimensionale Menschen. So schottete ich mich emotional von ihnen ab und konnte kein Mitgefühl für sie empfinden, geschweige, ihnen ihre Fehler vergeben.

Die Übungen der ersten Phase werden Ihnen helfen zu erkennen, daß Ihre Eltern viele Seiten haben. Und Sie werden mit Ihrem eigenen Groll, Schmerz und Ihren Schuldgefühlen konfrontiert. Dies wiederum ist die Voraussetzung dafür, echtes Mitgefühl mit Ihren Eltern zu entwickeln. Dann werden Sie ihnen und schließlich auch sich selbst vergeben können.

Auch Ihre Eltern sind gegenseitig abhängig

Kinder, auch wenn sie erwachsen sind, verkennen im allgemeinen, daß ihre Eltern in gegenseitiger Abhängigkeit leben. Der Hauptgrund liegt meist darin, daß wir bewußt oder unbewußt fürchten, die Liebe und Anerkennung unserer Eltern zu verlieren. Mir zum Beispiel fiel es leicht, alle Schwächen meiner Mutter zu bemerken. Dagegen war es schwer für mich, irgendwelche Fehler bei meinem Vater zu entdecken. Das autoritäre Verhalten meiner Mutter stempelte sie zum Bösewicht der Familie. Mein (distanzierter) Vater dagegen entzog sich der Verantwortung für uns Kinder und nutzte seine Passivität zu seinem Vorteil. Er machte sich zu unserem Verbündeten – doch nur verdeckt, denn vor meiner Mutter hielt er diese Unterstützung immer geheim. Wir hielten ihn für unseren Freund, zeitweise für den einzigen, den wir hatten. So verwundert es nicht, daß ich es schaffte, seine Symptome gegenseitiger Abhängigkeit bis über seinen Tod hinaus zu übersehen.

Manchmal sehen wir unsere Eltern nicht klar genug, weil wir ihre Fehler lieber übersehen möchten, so wie ich die Fehler meines Vaters übersah. Manchmal sehen wir Dinge nicht, die andern völlig klar sind, weil wir unsere Eltern idealisiert haben. Dann verbinden sich unsere Identität und unser Selbstwertgefühl damit, daß wir sie auf ihrem Podest halten.

Manchmal verkennen wir die gegenseitige Abhängigkeit unserer Eltern, weil dies das einzige Verhalten ist, das wir überhaupt kennengelernt haben. Die abhängige Umgebung ist unsere Normalität. Gelegentlich gehe ich heute noch in diese Falle, wenn ich erschütternde Ereignisse aus meiner Kindheit so schildere, als seien sie nicht der Rede wert. Beispielsweise hat mich meine Mutter zur Strafe immer von meinen Freunden und der Außenwelt isoliert, und zwar für acht, neun Monate hintereinander. Ich mußte von der Schule direkt nach Hause und durfte das Haus erst wieder am nächsten Morgen verlassen, um zur Schule zu gehen. Zu Hause durfte ich weder telefonieren noch durften mich andere besuchen. Einmal, als eine solche Strafzeit vorüber war, mußte ich weinen, als ich den Mond sah – er war so schön nach dieser fast einjährigen Zeit des Eingeschlossenseins. Als Erwachsene jedoch sprach ich mit andern immer so darüber, als sei das alles ganz normal.

Was auch immer die Gründe sind, weshalb wir die gegenseitige Abhängigkeit unserer Eltern verkennen, wir können unsere Wahrnehmung schärfen, wenn wir uns an einen Punkt erinnern, der in diesem Buch immer wieder diskutiert wurde: Wenn Sie als Mutter oder Vater in gegenseitiger Abhängigkeit leben, dann hat Ihre Mutter oder Ihr Vater Sie ebenfalls in gegenseitiger Abhängigkeit erzogen. Wenn Sie also ihre eigene gegenseitige Abhängigkeit akzeptieren, dann wird Ihnen zwangsläufig auch die gegenseitige Abhängigkeit Ihrer Eltern bewußt.

Eine Übung dazu haben Sie bereits gemacht. Am Ende von Kapitel drei sollten Sie mindestens drei Bereiche aufzählen, in denen Sie Konflikte mit Ihren Eltern hatten. Dann sollten Sie feststellen, ob sie ähnliche Kämpfe mit Ihren eigenen Kindern ausfechten, damit sie sehen, wie Gewohnheiten der gegenseitigen Abhängigkeit von einer Generation zur nächsten weitergegeben werden.

Die Übungen im folgenden Abschnitt geben Ihnen weitere Hilfen, Ihre Eltern als vielschichtige Persönlichkeiten zu akzeptieren.

Übung: Ihre Eltern und Sie.

Können Sie Ihre Eltern in dieselbe Kategorie einordnen wie sich selbst, nämlich als erwachsene Kinder gegenseitig abhängiger

Eltern? Lesen Sie die folgende Liste charakteristischer Eigenschaften von Erwachsenen, die von gegenseitig abhängigen Eltern erzogen wurden. Diese Liste wurde bereits in Kapitel zwei vorgestellt. Untersuchen Sie diesmal aufrichtig jedes der Symptome daraufhin, ob *Ihre Eltern* – nicht Sie selbst – sich je so verhalten haben.

Erwachsene Kinder gegenseitig abhängiger Eltern haben viele der folgenden Symptome gemeinsam:

- Ihr Urteil über sich selbst ist gnadenlos.
- Es fällt ihnen schwer, Spaß zu haben.
- Sie nehmen sich selbst sehr ernst.
- Sie haben Probleme mit engen Beziehungen.
- Ihre Reaktion auf unkontrollierbare Veränderungen ist überzogen.
- Sie suchen ständig nach Beifall und Bestätigung.
- Sie lügen, wenn sie ebensogut die Wahrheit sagen könnten.
- Sie sind extrem loyal, auch wenn die Loyalität offensichtlich unverdient ist.
- Sie sind entweder extrem verantwortungsbewußt oder extrem verantwortungslos.
- Es fällt ihnen schwer, ein Vorhaben von Anfang bis zum Ende durchzustehen.
- Sie sind unsicher, was normales oder unangemessenes Verhalten ist, und wissen oft nicht, wie sie sich verhalten sollen.
- Sie sind impulsiv und neigen dazu, sich auf ein bestimmtes Verhalten festzulegen, ohne sich ernsthaft zu fragen, welche Konsequenzen dies hat und ob es Alternativen dazu gibt.
- Sie haben meist das Gefühl, anders zu sein als andere.

Übung: Decken Sie Familiengeheimnisse auf.

Schreiben Sie alle Familiengeheimnisse auf, die Sie nach dem expliziten oder impliziten Wunsch Ihrer Eltern bewahren sollten. Stellen Sie sich dazu die folgenden Fragen:

- Was stand auf dem Spiel, falls irgendeines dieser Geheimnisse

innerhalb der Familie an die Oberfläche gekommen wäre? Das Selbstbild Ihrer Eltern? Das Bild der Familie nach außen?
- Mußten Sie sich verstellen, um diese Geheimnisse zu bewahren?

Wenn Eltern die häusliche Umgebung in einer Weise beeinflussen, daß ihre Kinder unter dem Druck stehen, ihre wahren Gefühle und Gedanken verbergen zu müssen, dann zeigen sie damit klassische Symptome gegenseitiger Abhängigkeit.

Übung: Eltern – mit andern Augen gesehen.

Versuchen Sie, Ihre Eltern mit den Augen anderer Familienmitglieder zu sehen. Wenn Sie Geschwister haben, sprechen Sie mit ihnen über die Beobachtungen, die Sie im Lauf Ihrer Kindheit gemacht haben. Wie sehen sie das Verhalten Ihrer Eltern? Stimmt deren Sicht mit der Ihren überein? Es sollte Sie nicht überraschen, wenn sie sich unterscheidet. Die Erfahrungen Ihrer Geschwister mit Ihren Eltern werden anders sein als Ihre, weil Sie unterschiedliche Menschen sind. Doch wenn Sie die gegenseitige Abhängigkeit zwar bei sich selbst, nicht aber bei Ihren Eltern sehen können, dann ist es wahrscheinlich, daß Ihre Wahrnehmung behindert ist. Die Leugnung könnten Sie überwinden, indem Sie einen anderen Blickwinkel einnehmen.

Lassen Sie Ihren Schmerz zu

Wenn Sie erkennen, daß Ihre Eltern in gegenseitiger Abhängigkeit leben, dann kann es sein, daß diese Erkenntnis bei Ihnen schmerzvolle Gefühle hervorruft: Wut, Ablehnung, Depression, Ohnmacht, das Gefühl, betrogen worden zu sein. Wenn wir solche Gefühle unterdrücken oder ignorieren, dann sind sie damit jedoch nicht beseitigt. Sie werden nur verzerrt und verletzen uns später auf andere Weise.

Die folgenden Übungen werden Ihnen helfen zu verstehen, daß Ihr Schmerz echt und wertvoll ist und daß es gut ist, seine Gefühle zuzulassen – auch dann, wenn es zornige Gefühle sind.

Übung: Schreiben Sie ein Drehbuch.

Wenn Sie es schwierig finden, genau zu sagen, welche Gefühle in Ihnen aufsteigen, wenn Ihre Mutter oder Ihr Vater Symptome gegenseitiger Abhängigkeit zeigen, dann könnten Sie ein Drehbuch schreiben. Stellen Sie sich eine typische, schwierige Situation zwischen Ihnen und Ihren Eltern vor und schreiben Sie den stattfindenden Wortwechsel auf. Halten Sie zwischendurch inne und versuchen Sie herauszufinden, welche Gefühle Sie bei dieser Übung haben. Wenn Sie überhaupt nichts empfinden, dann stellen Sie auch dies fest und untersuchen Sie, was das zu bedeuten hat.

Der dreißigjährige John, ein Texaner, den ich für dieses Buch interviewt habe, benutzte diese Technik, um dahinterzukommen, was er fühlte, wenn er mit seiner tadelnden Mutter zu tun hatte. Sein Drehbuch enthielt sogar seine Gedanken:

John: Mutter, es stört mich, daß du das, was du gesagt hast, zu meiner Frau gesagt hast, statt zu mir.

Mutter: Ach, das ist doch dumm, wenn dich das stört.

John: (Ich habe sehr gemischte Gefühle. Es ist so schwer für mich, auf meine Mutter zornig zu sein. Das irritiert mich.)

Als er anfing, diesen und andere Wortwechsel mit seiner Mutter genauer zu untersuchen, da verstand er plötzlich, daß »ich auf meine Eltern zornig sein und sie trotzdem lieben kann.«

Übung: Schreiben Sie ein Tagebuch

Um schmerzvolle Gefühle zu überwinden, können Sie ein Tagebuch führen. Schreiben Sie Ihre Gefühle einfach auf. Wenn Sie nicht gerne schreiben, sprechen Sie auf Kassette. So können Sie immer wieder zurückblättern oder zurückspulen und dabei jedesmal, wenn Sie die Übung neu machen, etwas dazulernen. So können Sie an sich arbeiten, ohne eine verdeckte Konfrontation mit ihren Eltern anzuzetteln – möglicherweise würden Sie sie doch nur beschuldigen oder ändern wollen, statt mit sich selbst ins reine zu kommen.

Margo, die erwachsene Tochter aus dem Familienprofil in Kapitel vier, schrieb Tagebuch, als sie entdeckte, daß ihre Beziehungen mit Männern immer auf dieselbe Weise abliefen und daß dies mit ihrer Beziehung zu ihrem Vater zu tun hatte. Sie schrieb:

»In meinen Beziehungen mit Männern wiederhole ich stets meine Beziehung zu meinem Vater. Er wies mich ab. Und was ist das für ein »Knoten« in meinen Männerbeziehungen heute? Abweisung. Und obwohl ich als Erwachsene andere Möglichkeiten habe, mit Abweisung umzugehen, als ich sie als Kind hatte, tue ich heute kaum etwas anderes als damals. Ich lasse mir meinen Ärger nicht anmerken. Ich werde unsicher, ängstlich, trübsinnig, innerlich zornig. Aber ich habe Angst, dem Mann meinen Zorn zu zeigen, weil ich Angst habe, verlassen zu werden.

Wenn mein Vater mich abwies, zog ich mich in mich selbst zurück, entschlossen, auch ohne seine Liebe zu überleben. Aber in mir spürte ich Ärger und Ohnmacht, weil ich ihn nicht direkt mit meinem Groll konfrontieren oder mich mit ihm versöhnen konnte. Dann starb er, und ich habe ihm nie sagen können, welche Gefühle er in mir hervorrief. Wie kann ich da aufhören, meine frühere Beziehung zu meinem Vater ständig zu reproduzieren? Ich werde den Konflikt lösen, indem ich einen Dialog schreibe. Darin werde ich ihm alles über meine Verletzungen und meinen Groll sagen.«

Margo wollte mir nicht zeigen, was sie weiter geschrieben hat. Sie sagte, sie habe einen Wutanfall zu Papier gebracht. Aber als sie da hindurch war, fühlte sie sich zum erstenmal in 42 Jahren emotional entlastet.

Übung: Schreiben Sie Briefe.

Sie können Ihren Eltern auch einen oder mehrere Briefe schreiben, so viele wie Sie brauchen, um Ihre aufgestauten Emotionen über Ihre Kindheit loszuwerden. Es ist nicht nötig, daß Sie das

Geschriebene Ihren Eltern wirklich schicken. Der Zweck der Übung besteht vielmehr darin, Ihnen zu helfen, Ihren eigenen Gefühlen auf die Spur zu kommen, nicht den Reaktionen Ihrer Eltern auf diese Gefühle.

Befreien Sie sich von Ihren Schuldgefühlen

Wenn Sie Ihre schmerzvollen Gefühle erst einmal zugelassen und ihnen Luft gemacht haben, dann werden Sie möglicherweise Schuldgefühle bekommen. Immerhin verdanken wir unseren Eltern, daß wir überhaupt leben. Wir waren völlig darauf angewiesen, daß sie unsere grundlegendsten Bedürfnisse befriedigten – Essen, Kleidung, Schutz und Zärtlichkeit. Fast alle haben wir eine versteckte Angst davor, die elterliche Zuwendung zu verlieren. Kinder gehen subjektiv oft ein Risiko ein, wenn sie ihren Eltern gegenüber irgendwelche anderen Gefühle zeigen als liebevolle Dankbarkeit. Wenn die Schuldgefühle nicht eingedämmt werden, können diese Ihre Bemühungen um Befreiung von gegenseitiger Abhängigkeit vereiteln, denn sie implizieren, daß diese Gefühle Ihren Eltern gegenüber falsch seien. Solange Sie glauben, daß Sie diese Gefühle nicht haben dürften, werden Sie sich fragen, woher sie kommen. Und Sie werden sie zudecken, Lügen erzählen und Geschichten erfinden über Ihre Kindheit, in dem Versuch, ein gutes Gefühl zu haben, Ihre Eltern oder zumindest Ihr Bild von ihnen zu »beschützen«. In Wirklichkeit jedoch versuchen Sie nur, sich selbst zu schützen.

Übung: Entwickeln Sie eine neue Moral.

Jane, die zweiunddreißigjährige Schwester von John aus Texas, macht zur Zeit eine Therapie, in der sie lernen will, »zu sagen, wer ich bin und damit umzugehen, daß meinen Eltern das nicht gefällt.« Doch sie wollte nicht, daß ihr wirklicher Name in diesem Buch genannt wird, aus Angst, ihre Mutter könnte verletzt sein, wenn sie Janes wirkliche Gefühle erführe. Jane hat viele

Schuldgefühle wegen ihrer wahren Empfindungen: Groll und Ressentiments, weil »meine Mutter mich nie bedingungslos geliebt hat. Es gab immer ein ›wenn‹ oder ›aber‹.«

Jane beginnt, sich von ihrer Schuld zu befreien, indem sie ihre Moralvorstellungen analysiert und auf diese Weise etwas sehr Wertvolles lernt: Schuldgefühle entstehen, wenn wir uns über eine oder mehrere unserer Moralvorstellungen hinwegsetzen. Ohne Moral gibt es keine Schuld. Vor dem Hintergrund ihrer tadelnden Erziehung gehören folgende Moralvorstellungen zu Janes Wertesystem:

1. Ich muß meine Mutter schützen, mehr als alles andere.
2. Ich muß alles tun, um die Anerkennung meiner Mutter zu gewinnen.
3. Ich muß meine »negativen« Gefühle vor meinen Eltern verheimlichen, besonders vor meiner Mutter.

Janes Wertesystem wertet ihre Gefühle zugunsten ihrer Eltern weitgehend ab, entwertet sie manchmal ganz. Wenn sie ein neues System von Moralvorstellungen entwickeln würde, könnte Jane sich von ihren Schuldgefühlen wegen ihres Zorns auf ihre Erziehung in gegenseitiger Abhängigkeit befreien. Beispielsweise könnte sie die drei obigen Moralvorstellungen durch folgende ersetzen:

1. Ich verhalte mich so, daß es meiner Integrität und meinem Wohlergehen dient.
2. Meine Meinung über mich selbst ist mir wichtiger als die Meinung aller andern über mich.
3. Meine Gefühle sind, wie sie sind, und ich gehe ehrlich mit ihnen um.

Wenn nun Schuldgefühle aufkommen, kann sie ihre neuen Moralvorstellungen überprüfen, um festzustellen, ob diese eine Basis dafür bieten. Wenn nicht, könnte sie sich fragen: Warum klammere ich mich so an meine Schuldgefühle? Was liegt mir daran, immer noch nach meinem alten Wertesystem zu leben?

Auch Sie können neue Moralvorstellungen entwickeln, die Ihnen helfen, mit Schuldgefühlen umzugehen. Machen Sie es wie Jane. Untersuchen Sie Ihre Schuldgefühle aufgrund Ihrer Feindseligkeit gegenüber Ihren Eltern und überlegen Sie dann, warum Sie glauben, daß Sie Ihre Moralvorstellungen verletzt haben. Wiederholen Sie dabei so oft wie nötig: »Ich fühle mich schuldig, weil...« Als ich diesen Satz vervollständigte, sagte ich:

1. Ich fühle mich schuldig, weil mein Vater viel netter war als meine Mutter, also darf ich nicht schlecht von ihm denken.
2. Ich fühle mich schuldig, weil meine Mutter im Alter auch weicher geworden ist, deswegen sollte ich ihr die Vergangenheit nicht mehr nachtragen.
3. Ich fühle mich schuldig, weil ich auf meine Eltern und auch sonst auf niemanden böse sein sollte.

Würde man diese Sätze in Moralvorstellungen übersetzen, käme folgendes heraus:

1. Ich hege freundliche Gedanken über meinen Vater, weil er so viel netter war als meine Mutter.
2. Ich bin dankbar, daß meine Mutter weicher geworden ist und mehr Freundlichkeit an den Tag legt.
3. Ich fühle mich meinen Eltern immer sehr verbunden.

Ihre Antworten auf die »Ich fühle mich schuldig, weil...«-Sätze helfen Ihnen, Ihre Moralvorstellungen zu erkennen. Wenn die Liste vollständig ist, sollten Sie sie genau studieren. Sind Sie überrascht von Ihren Ansichten über das Leben? Wenn ja, dann ändern Sie diese Ansichten. Sie haben es in der Hand, was Sie glauben wollen und was nicht. Sie können Meinungen ändern, die Ihnen Schuldgefühle verursachen.

Trauern Sie um Ihre verletzte Seele

Als mein Vater 1978 plötzlich starb, wollte ich das zuerst nicht glauben. Als ich seinen Tod vor mir selbst nicht mehr leugnen konnte, war ich böse auf ihn, weil er es gewagt hatte, mich zu verlassen. Nach einer Weile bekam ich Schuldgefühle, nicht nur wegen meines Zorns, sondern wegen allem, was ich, meiner Vorstellung nach, hätte tun können, um ihm das Leben zu erleichtern. Schließlich betrauerte ich den Verlust.

Wenn wir uns damit beschäftigen, welche Auswirkungen die gegenseitige Abhängigkeit unserer Eltern auf uns hatte, gehen wir einen ähnlichen Weg. Betrauern können den Verlust wir oft erst, wenn wir viele andere Gefühle durchlebt haben, und das ist gut so.

Wenn man bedenkt, wie lange Sie Ihre gegenseitige Abhängigkeit geleugnet und viele unangenehme Gefühle unterdrückt haben, wird verständlich, daß Sie, wenn Sie sich davon befreien wollen, einen bedeutenden, wenn auch beschädigten Teil Ihrer Seele aufgeben müssen. Also ist es auch legitim, wenn Sie den Verlust Ihrer früheren, beschädigten Seele betrauern.

Zwischen Trauer und Depression gibt es jedoch einen bedeutenden Unterschied. Wenn Sie depressiv sind, haben Sie die Kontrolle über Ihr Leben verloren. Sie haben über lange Zeiträume nicht mehr den Wunsch, im Alltag zu funktionieren. Das Eintreten von Depressionen läßt sich oft nicht erklären. Trauer andererseits ist ein vorübergehender Zustand des Unglücklichseins, mit einem spezifischen, definierbaren Ursprung. Wenn Sie trauern, dann betrauern Sie konkret den Verlust einer Sache oder einer Person. Die folgenden Übungen werden Sie anleiten zu trauern. Sie finden darin Techniken, wie Sie Ihre verletzte Seele akzeptieren und pflegen und sie damit für den nächsten Schritt auf dem Weg zur Heilung vorbereiten können.

Übung: Ruhe bewahren.

In seinem Klassiker *Briefe an einen jungen Dichter*[12] schreibt Rainer Maria Rilke, wie wichtig es ist, Ruhe zu bewahren, still zu bleiben, wenn wir einmal unglücklich sind. Er sagt, ein Anflug von Traurigkeit sei nur eine vorübergehende Störung des Gleichgewichts, die man mit Anmut und Noblesse durchstehen sollte. Rilke sagt, wir sollten unser Unbehagen nicht bekämpfen, weil man aus dem Unglück immer etwas lernen könne.

In dieser Übung sollen Sie sich für die Trauer Zeit nehmen und einen Ort finden, an dem Sie allein sein können. Trauern Sie und versuchen Sie herauszufinden, warum Sie trauern. Denken Sie nach. Weinen Sie. Versuchen Sie nicht, Ihre Gefühle zu bekämpfen. Seien Sie so frei, sich eine Weile gehenzulassen. Es ist völlig in Ordnung, die eigene Kindheit zu betrauern, traurig zu sein über Ihre Beziehung zu Ihren in gegenseitiger Abhängigkeit lebenden Eltern. Es ist sogar in Ordnung, die Aufgabe von Gefühlen und Gewohnheiten zu betrauern, unter denen Sie früher gelitten haben.

Übung: Ihr Tagebuch als Vertrauter.
Margo, die erwachsene Tochter aus dem Familienprofil im vierten Kapitel, machte ihr Tagebuch zu ihrem Vertrauten, als sie anfing, ihre Vergangenheit zu betrauern. Mit Hilfe des Tagebuchs ging sie auf die Suche nach der Ursache ihrer Traurigkeit. Sie stellte fest, daß sie die Trauer brauchte und die Erinnerung an ihr Bild von ihrer Kindheit. Sie schrieb:
»Ich muß trauern um das kleine Mädchen, die von meinen Eltern in eine Zwangsjacke gesteckt wurde... Sie versuchte, ihnen zu gefallen, sich anzupassen und ihre Liebe zu verdienen, ohne Erfolg. So fühlte sie sich einsam, isoliert und fremd. Sie hatte das Gefühl, sie sei an allem schuld. Und sie fürchtete sich vor Strafe, vor Ablehnung. Wie habe ich das überlebt? Meine Abwehrmechanismen hielten mich als Erwachsene aufrecht, aber mein Leben wurde schlechter. Das kleine Mädchen in mir sehnte sich immer noch verzweifelt nach Liebe, Halt, Unterstützung, Ermutigung, Lob, Anerkennung, Zuwendung, vor allem danach, sie selbst sein zu dürfen. Aber nichts davon bekam sie, weil sie schon früh die Botschaft lernte, daß sie Liebe nicht verdiente. Das eigentliche Wunder des Lebens ist, daß sie immer noch in mir ist, auch wenn sie sich in einer harten Schale versteckt. Aber diese kann sie langsam und freiwillig abstreifen. (Das kann schmerzvoll sein, weil sie sich auch sehr stark mit der Schale identifiziert.)

Doch ich weiß, sie ist da, ich kann sie fühlen, sie macht mich froh. Sie ist ich und ich bin sie.«
Auch Sie können Einsichten gewinnen über sich selbst und Ihre Familie, indem Sie Ihre Erinnerungen und Gefühle einem Tagebuch oder einem Kassettenrecorder anvertrauen.

Mitleid mit den Eltern

Die bisherigen Übungen befaßten sich mit der harten Realität Ihrer Kindheit. Sie sollten Ihnen helfen, mit verschiedenen Gefühlen umzugehen, angefangen beim Groll über die Schuld bis zur Trauer. Ihre Eltern haben Sie dabei vor allem im Hinblick auf deren gegenseitige Abhängigkeit betrachtet. Um Mitgefühl mit ihnen zu entwickeln, müssen Sie auch ihre anderen Facetten betrachten. Sie müssen ihre gegenseitige Abhängigkeit in den übrigen Kontext stellen, um Ihre Eltern als mehrdimensionale Menschen zu begreifen.
Zum Beispiel war mein Sohn schon beinahe erwachsen, als ich entdeckte, daß meine Mutter in manchen Kreisen geradezu als Heilige galt, weil sie als Direktorin einer High School für schwer erziehbare Kinder wahre »Wunder« vollbrachte. Die meisten Eltern dieser jungen Menschen hatten ihre Kinder bereits aufgegeben und glaubten nicht mehr daran, daß diese den High-School-Abschluß schaffen würden. Aber meine Mutter dachte anders darüber.
Mit 34 ging ich zum erstenmal zu einer Abschlußfeier der High School und war erstaunt, was ich dort zu sehen bekam. Viele Tische mit ganzen Familien: Mütter, Väter, Tanten, Onkel, alle applaudierten und weinten, weil ihre Kinder das Unmögliche geschafft hatten – das Abschlußzeugnis der High School. Praktisch jeder Anwesende bestätigte, daß nichts davon möglich gewesen wäre ohne meine Mutter, ohne ihre Geduld, ihren Glauben an die Kinder und vor allem ihre Beratung. Bei der schwierigen Beziehung, die ich zu meiner Mutter hatte, war es mir nie in den Sinn gekommen, daß sie solche Dinge vollbringen könnte.

Bei dieser Abschlußfeier begann ich plötzlich, meine Mutter in einem anderen, milderen Licht zu sehen.
Mit der Übung am Ende von Kapitel sieben haben Sie bereits einen ersten Schritt in diese Richtung gemacht. Die nun folgende Übung wird Sie in die Lage versetzen, Ihre Eltern mit ihrer gegenseitigen Abhängigkeit in einem breiteren und mitfühlenderen Zusammenhang zu sehen, indem Sie mehr über deren Geschichte erfahren. Was wissen Sie über Ihre Eltern über die Zeit hinaus, die sie mit Ihnen gemeinsam verbracht haben? Was wissen Sie über die Gefühle Ihrer Eltern? Über ihre Träume? Ihre Hoffnungen? Ihre Ängste?

Übung: Werden Sie der Biograph Ihrer Eltern.
Bis vor kurzem wußte ich über den Hintergrund meiner Mutter sehr wenig. Über ihre Vergangenheit hatte sie kaum etwas erzählt. Mein Vater war nur wenig mitteilsamer. Als ich anfing zu schreiben und Porträts von Menschen schrieb, stellte ich fest, daß ich mehr über das Leben meiner Interviewpartner wußte als über die Erfahrungen meiner eigenen Eltern. So wurde ich zur Biographin meiner Eltern. Was ich erfuhr, half mir, sie klarer und menschlicher zu sehen, und ich begann, sie eher mit Mitgefühl als mit Zorn und Verachtung zu betrachten.
Tragen Sie möglichst viele Informationen aus möglichst vielen Quellen zusammen. Wenn Ihre Eltern noch leben, sagen Sie Ihnen, Sie möchten mehr aus ihrem Leben wissen und bitten Sie sie um ein Interview. Wenn Ihre Eltern tot sind oder Ihnen die Antwort verweigern, dann sprechen Sie mit anderen Familienmitgliedern und mit Freunden und Kollegen Ihrer Eltern.
Diese Übung wird für Sie bald zu einem Abenteuer werden, denn mit hoher Wahrscheinlichkeit werden Sie überrascht sein von dem, was Sie über die Vergangenheit Ihrer Eltern erfahren. Profitieren können Sie davon mit einem tieferen Verständnis dafür, wie Ihre Eltern wurden, was sie heute sind. Damit haben Sie für sich selbst eine wunderbare Möglichkeit geschaffen: die Chance,

Ihre Eltern als ganze Menschen zu sehen, mehrdimensionale Menschen, die, wie jeder andere auch, Verständnis und Mitgefühl verdienen. Wenn Sie nach dieser Übung immer noch Schwierigkeiten haben, mit Ihren Eltern Frieden zu schließen, dann ändern Sie die Namen in der Biographie und lesen Sie sie dann neu, als wäre es die Biographie zweier Fremder. Können Sie jetzt Betroffenheit und Mitgefühl mit den Protagonisten empfinden?

Zweite Phase: Frieden mit sich selbst

Sie sind das Kind Ihrer Eltern. Bei Ihrer Erziehung haben ihre Eltern Fehler gemacht, und ebenso haben auch Sie bei der Erziehung Ihres Kindes Fehler gemacht. Diese Phase wird Ihnen helfen, seelische Wunden zu heilen, die Sie bei sich selbst durch Ihre gegenseitige Abhängigkeit verursacht haben. Die folgenden Übungen bauen auf denen der ersten Phase auf und benutzen die Mittel, die Ihnen dort an die Hand gegeben wurden.
Die Übungen der zweiten Phase sollen Ihnen zeigen, wie Sie das, was Sie bis jetzt in Bezug auf Ihre Eltern gelernt haben, bei sich selbst anwenden können. Sie werden sich mit Ihrer eigenen Abhängigkeit konfrontieren, Schmerz und Schuldgefühle akzeptieren lernen. Und Sie werden lernen zu trauern, weil Sie genau das getan haben, was Sie niemals wollten: Sie haben dieselben Fehler gemacht wie Ihre Eltern. Schließlich werden Sie mit sich selbst Frieden schließen und sich Ihre Schwächen verzeihen können.

Auch Sie sind gegenseitig abhängig
Ich habe lange gebraucht, um zugeben zu können, daß ich als Mutter in gegenseitiger Abhängigkeit lebte. Ich fand es sehr schwierig, mich meiner Geschichte als tadelnde, fordernde und distanzierte Mutter zu stellen. Ich war erschüttert von dieser Entdeckung, wenn ich daran dachte, was das für meinen Sohn

bedeutete. Und ich war frustriert, weil ich mir selbst geschworen hatte, daß ich meinen Sohn besser erziehen würde, als meine Eltern mich erzogen haben. Und darüber hinaus störte diese Erkenntnis empfindlich mein erfolgsorientiertes Image.
Alle Übungen in den Kapiteln drei bis sieben sollten Ihnen helfen herauszufinden, welche Gewohnheiten gegenseitiger Abhängigkeit Sie über die Jahre entwickelt haben. Ihre Heilung begann in dem Augenblick, als Sie anfingen, dieses Buch zu lesen, und die Symptome an sich feststellten. Wenn Sie noch nicht sicher sind, ob Ihr Verhalten das Etikett »Gegenseitige Abhängigkeit« rechtfertigt, sollten Sie die folgenden Übungen trotzdem machen. Sie haben nichts zu verlieren. Aber Sie und Ihr Kind können viel dabei gewinnen.

Übung: Nehmen Sie Wiederholungen wahr.
Untersuchen Sie die »schlechten« Gewohnheiten, mit denen Sie bisher nicht brechen konnten. Machen Sie eine Liste solcher Gewohnheiten und versuchen Sie, ehrlich einzuschätzen, wie Sie und Ihr Kind davon beeinträchtigt werden. Ich zum Beispiel hatte die Gewohnheit, zuviel zu arbeiten. Jedesmal wenn ich mir wieder soviel Arbeit angeschafft hatte, daß ich damit hätte einen Vierundzwanzigstundentag ausfüllen können, schwor ich mir, das nie wieder zu tun. Binnen weniger Wochen (manchmal nur Tagen) jedoch stellte ich fest, daß ich wieder in genau derselben Situation war. Als ich aufrichtig analysierte, wie mein Sohn davon betroffen wurde, war es kein großer Schritt mehr festzustellen, daß sich darin ein klassisches Symptom meiner Distanz zeigte.

Übung: Sie und Ihre Eltern.
Wenn Sie immer noch nicht Ihre Symptome gegenseitiger Abhängigkeit erkennen, dann hilft Ihnen vielleicht die folgende Überlegung: Konnten Sie erkennen, daß Ihre Eltern in gegenseitiger Abhängigkeit leb(t)en? Wenn ja, dann ist es fast sicher, daß

dies auch auf Sie zutrifft, denn von der Regel »Gegenseitig abhängige Eltern erziehen gegenseitig abhängige Kinder« gibt es kaum eine Ausnahme.

Lassen Sie schmerzliche Gefühle zu

Zuzugeben, daß wir mit unserem Verhalten unsere Kinder verletzen, ist für Eltern äußerst schwierig. Wir haben Angst, von unseren Kindern und anderen angeklagt zu werden, und wir haben Angst vor den Gefühlen, die daraus entstehen. So neigen wir fast automatisch dazu, unsere Erziehung in gegenseitiger Abhängigkeit und deren Auswirkungen auf unsere Kinder zu leugnen.

Ironischerweise suchen wir oft nach Sündenböcken, wenn unsere Kinder Verhaltensstörungen zeigen. Wir schieben die Schuld auf unsere Partner, auf irgendwelche äußeren Umstände oder auf irgendeine Institution. Eine Freundin von mir zum Beispiel macht die Armee dafür verantwortlich, daß ihr Sohn zum Alkoholiker wurde. Sie macht es sich einfach, denn sie übersieht, daß ihr Sohn schon vor seiner Militärzeit Drogen nahm. Es ist durchaus verständlich, daß wir Eltern versuchen, der Verantwortung dafür aus dem Weg zu gehen, wenn unser Kind sich selbst schadet. Aber solange wir leugnen, welchen Schmerz wir ihm mit unserem gegenseitig abhängigen Verhalten zufügen, geben wir dieses Erbe zwangsläufig weiter und können unserem Kind nicht helfen.

Übung: Machen Sie ein Persönlichkeitsprofil Ihres Kindes.

Machen Sie zuerst eine Liste derjenigen Eigenschaften und Gewohnheiten Ihrer Tochter oder Ihres Sohnes, die Sie am meisten lieben. Überlegen Sie, was Sie getan haben, um diese positiven Eigenschaften und Gewohnheiten zu fördern. Dann machen Sie eine Liste der Eigenschaften und Gewohnheiten Ihres Kindes, die Sie am wenigsten mögen. Denken Sie auch hier über die Rolle nach, die Sie dabei gespielt haben. Wenn Sie dabei steckenbleiben und keine Verbindung zwischen sich und Ihrem Kind herstellen können, fragen Sie sich: Macht es Sinn zu glauben, daß Sie zwar die Fähigkeit besitzen, Ihr Kind im guten Sinne zu beeinflussen, im schlechten jedoch nicht?

Übung: Kehren Sie zu Ihrem Tagebuch zurück.
Wenn Sie nun Schmerz empfinden, wenn Sie sich den Folgen ihrer Erziehung in gegenseitiger Abhängigkeit stellen, dann nehmen Sie Ihr Tagebuch wieder zu Hilfe. Schreiben Sie Ihre Gefühle auf (oder nehmen Sie sie auf Kassette auf) und lassen Sie Ihrem Kummer freien Lauf. Je mehr Sie das Tagebuch heranziehen, desto mehr lernen Sie, sich selbst zu schätzen, denn darin behandeln Sie sich selbst wie Ihren besten Freund.

Befreien Sie sich von Ihren Schuldgefühlen
Egal welche Fehler wir bei der Erziehung unserer Kinder machen, wir wollen immer das Beste für sie und nutzen jedes zur Verfügung stehende Mittel, um dieses Ziel zu erreichen. Wenn es uns nicht gelingt, dann nur selten deswegen, weil wir nicht die richtige Absicht hatten, sondern meist deswegen, weil die Mittel falsch waren und weil unser eigenes Erbe der gegenseitigen Abhängigkeit unsere besten Absichten zunichte macht.
Kein Wunder also, daß wir uns schuldig fühlen, wenn wir erkennen, wir sehr wir unserem Kind damit geschadet haben. Viele würden am liebsten davonlaufen und sich verstecken. Ich zum Beispiel zögerte lange, mich meinem Sohn mitzuteilen. Meine Schuldgefühle wurden durch die Erkenntnis verstärkt, daß ich mehr als nur Enttäuschung darüber empfand, daß mein Sohn nicht die hehren Ziele erreichte, die ich für ihn avisiert hatte. Zusätzlich störte mich, daß mein Image als perfekte Mutter dadurch getrübt wurde. Um mich von meinen Schuldgefühlen zu befreien, mußte ich wahrnehmen lernen, daß mein Sohn nicht das einzige Opfer meiner gegenseitigen Abhängigkeit war – auch ich war ein Opfer. Meine Genesung und die meines Sohnes hin-

gen wechselseitig zusammen. Die folgende Übung wird Ihnen diesen Prozeß erleichtern, indem Sie herausfinden, was Ihre Schuldgefühle auslöst und wie Sie Ihr Verhalten ändern können.

Übung: Überprüfen Sie Ihre Moralvorstellungen.
Wahrscheinlich haben auch Sie feste Vorstellungen davon, was es heißt, eine »gute« Mutter, ein »guter« Vater zu sein. Die Entdeckung Ihrer gegenseitigen Abhängigkeit dürfte jedoch Ihr Image als perfekte Eltern empfindlich gestört haben. Ihre verständlichen Schuldgefühle können Sie überwinden, wenn Sie Ihre Moralvorstellungen dahingehend korrigieren, was es wirklich bedeutet, Mutter oder Vater zu sein und dabei vor allem ein Mensch zu bleiben.
Zuerst müssen Sie Ihre augenblicklichen Moralvorstellungen klar bestimmen. Vervollständigen Sie den Satz: »Ich fühle mich schuldig, weil...«. Ich habe darauf geantwortet:
1. Ich fühle mich schuldig, weil ich es angesichts meiner eigenen gestörten Kindheit hätte besser wissen müssen.
2. Ich fühle mich schuldig, weil Eltern Ihr Kind nicht so vernachlässigen dürfen, wie ich meines vernachlässigt habe.
3. Ich fühle mich schuldig, weil ich eine perfekte Mutter hätte sein müssen.

Solche Moralvorstellungen machen einen ohnmächtig, weil sie praktisch nicht einzuhalten sind. In der Tat ließen mir meine eigenen Maßstäbe nur eine Möglichkeit zu »gewinnen«: Ich mußte meine gegenseitige Abhängigkeit leugnen und so tun, als wäre ich wirklich eine perfekte Mutter. Veränderte Moralvorstellungen, die mir Mut machen würden, mein Kind besser zu erziehen (statt meine Fehler zu verbergen), sähen etwa so aus:
1. Ich muß als Mutter nicht besser sein als meine Eltern.
2. Es ist okay, wenn mein Kind und ich nicht perfekt sind.
3. Ich werde weiter an mir arbeiten, um eine möglichst gute Mutter zu werden.

Wenn Sie neue Moralvorstellungen entwickeln wollen, dann stellen Sie sich den hier beschriebenen Überlegungen. Wenn Sie aufgrund Ihrer gegenseitigen Abhängigkeit immer noch Schuldgefühle haben, überlegen Sie, ob Sie Ihren neuen oder alten Moralvorstellungen zuwiderhandeln. Wenn Sie sich immer noch an Ihr altes Wertesystem klammern, sollten Sie ehrlich zu analysieren versuchen, warum Sie sich schlecht fühlen wollen. Erwarten Sie immer noch von sich, perfekt zu sein?

Betrauern Sie Ihre Fehler

Wenn Sie Ihren Schuldgefühlen einmal freien Lauf lassen, ist es wahrscheinlich, daß diese irgendwann in Traurigkeit münden. Sie werden betrauern, daß Sie sich zur Veränderung entschieden haben und damit Ihre lebenslange Bindung an Ihre Vergangenheit aufgeben wollen – Ihren Glauben an Ihre scheinbare Perfektion und Ihre gegenseitige Abhängigkeit, mit der Sie Ihre Schwächen verdeckt haben. Und da Ihre eigene gegenseitige Abhängigkeit mit der Ihrer Eltern eng zusammenhängt, werden Sie vielleicht auch die Fehler Ihrer Eltern betrauern.

Um solche Gefühle zu überwinden, müssen Sie sich gestatten, sie zuzulassen: Groll, Trauer, Kummer, was immer in Ihnen aufsteigt. Versuchen Sie nicht, schmerzliche Gefühle zu unterdrücken oder zu leugnen, die an die Oberfläche kommen müssen.

Übung: Verstehen Sie Ihren Kummer.

Wer immer noch fragt, welchen Wert es hat zu trauern, der sollte Alice Millers Buch *Das Drama des begabten Kindes* lesen, sowie John Bradshaws Buch *Mut zur Selbstverantwortung* (Beide Literaturangaben finden Sie im Anhang). Danach werden Sie besser verstehen, warum die Trauer zu Ihrem Gesundungsprozeß dazugehört. Miller schreibt, der Gewinn aus der Bereitschaft zur Trauer sei das »Erreichen der Freiheit«. Und Bradshaw stimmt zu: »Trauern ist der einzige Weg, das Loch im Krug unserer Seele zu heilen.«

Übung: Nehmen Sie erneut Ihr Tagebuch zur Hand.
In der Trauerphase ist Ihr Tagebuch besonders nützlich. Schreiben Sie Ihre Gedanken, Gefühle, Taten, Wünsche auf oder sprechen Sie sie auf Band. Betrachten Sie Ihr Tagebuch als Freund. Schließlich werden Sie hier zu Ihrem eigenen Zeugen, und das ist ein wichtiges Instrument der Selbsteinschätzung.

Haben Sie Mitleid mit sich selbst.
Diese zweite Phase Ihres Heilungsprozesses spielte sich weitgehend auf demselben Terrain ab wie die erste: Frieden mit den Eltern. Allerdings mit einem entscheidenden Unterschied: Die Mutter oder der Vater, um die es hier geht, sind Sie selbst. Deshalb war diese Phase gefühlsmäßig vielleicht schwieriger zu bewältigen. Die positive Seite jedoch ist, daß Sie das, was Sie schließlich für Ihre Eltern tun konnten – Mitgefühl für sie zu entwickeln – nun auch für sich selbst tun können.
Die folgende Übung hilft Ihnen, Ihre gegenseitig abhängige Vergangenheit in einem freundlicheren Kontext zu sehen. Die Übung am Ende von Kapitel sieben stellte einen Versuch dar, diesen Prozeß in Gang zu setzen. Sie haben daran gesehen, daß wir alle nur Menschen sind, daß selbst das schwierigste Verhalten meist Gefühle verbirgt wie Angst, Verzweiflung, Unsicherheit und Scham.

Übung: Werden Sie Ihr Autobiograph.
Manchmal ist es leichter, für andere Mitgefühl zu entwickeln als für sich selbst. Ich zum Beispiel war stets meine schärfste Kritikerin. Oft ließ ich bei meinen Freunden mehr Fehler durchgehen als bei mir selbst. Für diese Übung sollen Sie Ihre Autobiographie schreiben, doch sollten Sie dafür nicht Ihren eigenen Namen benutzen. Befragen Sie Ihre Geschwister, Onkel, Tanten, Eltern und, wenn Sie den Mut haben, auch Ihre eigenen Kinder. Sprechen Sie mit Ihrem besten Freund oder Ihrer besten Freundin. Wappnen Sie sich für diese Übung, denn vermutlich werden Sie

von dem, was Sie erfahren, überrascht sein. Gehen Sie bei der »Datensammlung« so leidenschaftlos wie möglich vor. Versuchen Sie, möglichst keine Gefühle zu zeigen, wenn Sie den Berichten anderer über Sie zuhören. Fragen Sie nach Erinnerungen an die Zeit, als Sie ein Baby, ein(e) Jugendliche(r), ein(e) Erwachsene(r) waren. Wenn die Befragungen abgeschlossen sind, sehen oder hören Sie sich die Berichte an, als handle es sich nicht um Sie selbst, sondern um jemand anderen. Gibt es Stellen, an denen Sie lachen oder weinen möchten? Ist das die Geschichte eines ganzen Menschen, der alles erfahren hat, Leid, Kummer und Glück?

Vergleichen Sie das, was Sie aufgeschrieben haben, mit der Biographie Ihrer Eltern. Gibt es Ähnlichkeiten? Können Sie jetzt dasselbe für sich empfinden, was Sie zuvor für Ihre Eltern empfunden haben – Mitgefühl?

Dritte Phase: Frieden mit Ihrem Kind

Sie haben jetzt alle Mittel in der Hand, um den Schritt zu tun, der den meisten unvorstellbar erscheint: Sprechen Sie mit Ihrem Kind über Ihre Fehler, Ihre Unzulänglichkeiten, Ihre Trauer. Solche außergewöhnlichen Taten werden von Ihnen in der dritten Phase erwartet, damit Sie schließlich das Außergewöhnliche schaffen: sich selbst zu befreien und Ihr Kind loszulassen. Dann haben Sie einen großen Schritt geschafft auf Ihrem Weg zum Ziel, welches heißt: den Teufelskreis der gegenseitigen Abhängigkeit aufzubrechen, in dem Ihre Familie von einer Generation zur nächsten gefangen war. Sie und Ihr Kind werden nicht mehr im »gegenseitigen« Teil des Spiels der gegenseitigen Abhängigkeit gefangen sein. In der Vergangenheit mußten Sie sich bei diesem Spiel beide unbewußt so verhalten, daß die Bedürftigkeit und das geringe Selbstwertgefühl des andern aufrechterhalten wurden. Wenn Sie mit Ihrem Kind Frieden schließen, dann werden Sie beide frei sein, anders zu handeln, und Sie werden entdecken, wer Sie wirklich sind. Und dieser Prozeß wird Ihrem Kind in den kommenden Jahren weiterhelfen. Dazu gehört auch, daß es eines Tages in der Lage sein wird, seinem eigenen Kind auf ähnliche Weise zu helfen. Die Übungen der dritten Phase können zum allgemeinen Wohlbefinden von Kindern jeden Alters beitragen. Ob Ihre Kinder Heranwachsende sind oder schon erwachsen, sie werden direkt davon profitieren, wenn sie mit Ihnen zusammen die Übungen machen. Selbst wenn Ihre Kinder noch klein sind, sollten Sie die dritte Phase nicht überspringen; sie wird Ihnen wertvolle Hilfestellungen liefern, die Sie später nutzen können.

Helfen Sie Ihrem Kind, Ihre gegenseitige Abhängigkeit zu erkennen.

Ebenso wie es Ihnen schwerfiel, bei Ihren Eltern die Symptome gegenseitiger Abhängigkeit auszumachen, kann es auch für Ihr Kind hart sein zu erkennen, daß Sie alles andere als perfekt sind. Wenn Sie beispielsweise die Heldenrolle gespielt haben, wird Ihr Kind Ihre Schwächen vielleicht nicht so einfach akzeptieren. Für die meisten Kinder ist es eine schwerwiegende Entscheidung, Ihren Eltern ihre Gedanken und Gefühle über sie mitzuteilen, denn sie glauben, daß für sie dabei die Liebe ihrer Eltern auf dem Spiel steht. Dagegen steht auch das Gebot, Familiengeheimnisse zu bewahren. So überrascht es nicht, wenn Ihr Kind bezüglich Ihrer gegenseitigen Abhängigkeit zunächst nicht offen und ehrlich ist.

Dennoch sollten Sie Ihr Kind dabei unterstützen, das zu verstehen und zu akzeptieren, was Sie über sich selbst herausgefunden haben: daß Sie in Ihrer gegenseitigen Abhängigkeit viele Fehler gemacht haben. Die folgenden Übungen können Ihnen dabei helfen, ein zuträglicheres Rollenvorbild abzugeben. Die wichtigste und wirksamste Hilfe, die Sie Ihrem Kind dabei geben können, ist, ihm in Ihrem Verhalten lebendig vor Augen zu führen, wieviel Wert Sie bei sich selbst auf Ehrlichkeit im Reden und Handeln legen.

Übungen: Beginnen Sie einen Dialog.
Machen Sie Ihrem Kind Mut, bei einer Reihe von Übungen mitzumachen, die auf vorangehenden Übungen aufbauen. Erklären Sie ihm vorher, daß Sie versuchen wollen, eine bessere Mutter, ein besserer Vater zu werden, und daß Sie dazu seine Hilfe brauchen. Bitten Sie Ihr Kind, mit Ihnen einige Übungen zu machen, die Ihnen helfen werden, sich selbst mit den Augen Ihres Kindes zu sehen. Je nachdem, wie alt Ihr Kind ist, sollten Sie entscheiden, welche der folgenden Übungen Sie zusammen machen wollen. Lassen Sie sich soviel Zeit wie nötig für diese Gespräche. Erklären Sie Ihrem Kind, daß Sie seine ehrliche Einschätzung Ihres Verhaltens in der Vergangenheit erfahren wollen und daß es keinerlei Sanktionen zu befürchten hat, wenn es die Wahrheit sagt, egal wie diese auch aussieht. Dann bereiten Sie sich darauf vor, dieses Versprechen einzuhalten.

1. Zeigen Sie Ihrem Kind die Liste der schlechten Gewohnheiten, mit denen Sie nicht brechen konnten, und auch Ihre Einschätzung, wie diese sich auf Ihr Kind ausgewirkt haben (zweite Phase). Fragen Sie Ihr Kind, ob es dieser Liste zustimmen kann oder nicht. Lassen Sie Ihr Kind erzählen, welche Gefühle diese schlechten Gewohnheiten bei ihm hervorrufen. Fragen Sie es, ob Sie seiner Meinung nach etwas übersehen haben. Ihr Kind wird vielleicht zunächst zögern, sich zu öffnen, aber haben Sie Geduld. Die meisten Kinder nützen die Gelegenheit, ihre Meinung zu sagen.
2. Zeigen Sie Ihrem Kind die Liste der Familiengeheimnisse aus Ihrer Kindheit (siehe erste Phase). Fragen Sie es, ob es eine ähnliche Liste erstellen kann über seine Familie, und sprechen Sie dann mit ihm darüber. Erklären Sie, daß Sie diese Familiengeheimnisse jetzt ans Licht bringen wollen. Bitten Sie Ihr Kind um Rat, wie Sie die Familiengeheimnisse am besten ent-

hüllen könnten. Wer zum Beispiel sollte erfahren, daß eins der Geschwister drogenabhängig ist?

3. Erzählen Sie Ihrem Kind von der Übung am Ende des dritten Kapitels, wo Sie untersucht haben, wie Sie mit Ihrem Kind in denjenigen Bereichen umgegangen sind, die Ihnen in Ihrer Kindheit Konflikte mit den Eltern verursacht haben. Wenn Sie sich einmal mit Ihrem Kind über Ihre gemeinsamen Probleme ausgetauscht haben, fragen Sie Ihr Kind nach seiner Meinung dazu. Versuchen Sie, einen Dialog in Gang zu bringen, besonders wenn Sie unterschiedliche Versionen dazu haben. Erklären Sie, daß Sie einen Teil des Verhaltens, das Sie jetzt zu ändern versuchen, von Ihren Eltern übernommen haben, und daß Sie Ihrem Kind helfen wollen, dasselbe nicht von Ihnen zu übernehmen.

Helfen Sie Ihrem Kind, seinen Kummer zuzulassen

Wenn Ihr Kind mit Ihrer Hilfe seinen Widerstand überwindet, Ihre gegenseitige Abhängigkeit zu erkennen, dann wird es darauf sehr wahrscheinlich emotional reagieren. Aber vielleicht spricht es seinen Kummer, seinen Groll oder seine Ängste nicht aus. Oft fürchten sich Kinder vor harschen oder »negativen« Gefühlen gegenüber ihren Eltern. Ganz besonders fürchten Sie Repressalien und die endgültige Strafe: den elterlichen Liebesentzug. Helfen Sie Ihrem Kind, solche Gefühle zum Ausdruck zu bringen und mit ihnen umzugehen.

Übung: Eltern als mitfühlende Zeugen.

Als mein Sohn dreizehn Jahre alt war, bemerkte ich, daß er sehr böse auf mich war und bei jeder Gelegenheit sarkastische Bemerkungen machte. Ich bat ihn, mir freimütig und ohne Angst vor Strafe zu sagen, was der Grund war. Zunächst glaubte er mir nicht. Aber als er einmal warm wurde, brach es aus ihm heraus. Er sprach über jeden Vertrauensbruch und jede falsche Entscheidung, die ich seit seinem vierten Lebensjahr verschuldet hatte.

Zweifellos war dieser Austausch für mich schmerzvoller als für ihn. Ich mußte mich mehr als einmal entschuldigen. Doch unsere Beziehung hat davon enorm profitiert. Diese Gespräche führen wir heute noch. Mein Sohn hat heute keine Angst mehr, mir viele seiner Erfahrungen und Gefühle mitzuteilen, darunter auch seine ersten Experimente mit Marihuana und Sex.

Mit diesen Übungen können Sie versuchen, ein Freund oder eine Freundin Ihres Kindes zu werden, ein mitfühlender Zeuge. Nehmen Sie sich für jede Übung viel Zeit und hören Sie Ihrem Kind intensiv und mitfühlend zu, wenn es Ihnen seine Gefühle offenbart, auch wenn diese für Sie unangenehm sind. Behandeln Sie das, was Sie hören, mit aller Aufrichtigkeit und Würde. Denken Sie daran, daß dies für Sie und Ihr Kind eine kathartische und daher heilsame Erfahrung ist.

1. Erzählen Sie Ihrem Kind von der Übung am Ende von Kapitel vier, wo Sie mindestens fünf entscheidende Kindheitserlebnisse aufgeschrieben haben. Außerdem haben Sie eine ähnliche Liste erstellt mit den Ihrer Meinung nach bedeutendsten Ereignissen, die sich zwischen Ihnen und Ihrem Kind abgespielt haben. Fragen Sie Ihr Kind, ob es Ihrer Einschätzung zustimmen würde. Wenn nicht, fragen Sie nach, warum nicht.
2. Lassen Sie Ihr Kind wissen, daß Sie (in Kapitel fünf) versucht haben, Ihre Motive zu erklären, warum Sie ihm zuliebe Dinge getan haben, die Sie eigentlich nicht für richtig hielten, weil sie Ihrer Meinung nach nicht zu seinem Besten waren. Fragen Sie Ihr Kind, ob es Ihrer Einschätzung zustimmt. Wenn nicht, lassen Sie sich erklären, warum nicht.

Übung: Sagen Sie einfach: »Es tut mir leid.«

Diese Übung verlangt nur eines von Ihnen: Ihre Bereitschaft, sich bei Ihrem Kind für Ihre Fehler zu entschuldigen. Jane, die Tochter der tadelnden Mutter, die in den Übungen der ersten Phase zitiert wurde, unterstreicht, wie wichtig es ist, daß Eltern stark und mutig genug sind, sich zu entschuldigen. »Ich wollte nur, daß sie [ihre Mutter] es einsieht. Nur ein einziges Mal wollte ich, daß sie ihren Stolz aufgibt und weint und sagt, daß es ihr leid tut. Hätte sie das getan, wäre ich leichter mit meinem Leben klargekommen.«

Helfen Sie Ihrem Kind, seine Schuldgefühle zu überwinden.
Sie fanden es schwierig, Ihren Eltern gegenüber Ihrem Zorn, Ihren Ressentiments und Ihrer Frustration Luft zu machen. Ebenso könnte es auch Ihrem Kind gehen. Daher sollten Sie ihm helfen, seine Schuldgefühle zu überwinden. Die folgende Übung soll Ihnen das erleichtern. Auch hier haben die Schuldgefühle damit zu tun, daß das Kind gegen sein eigenes Wertesystem verstößt, das natürlich an das gegenseitig abhängige Verhalten der Eltern gekoppelt ist.

Übung: Sagen Sie Ihrem Kind, daß Sie es lieben.
Diese Übung klingt einfach, kann aber sehr schwierig sein. In meiner Familie sprach man selten direkt über Liebe. Die Folge war, daß mindestens zwei von uns drei Kindern die Liebe unserer Mutter in Frage stellten. Das einzige, was Sie in dieser Übung tun müssen, ist, Ihrem Kind zu sagen, daß Sie es lieb haben. Benutzen Sie bewußt dieses Wort. Sagen Sie ihm: »Ich hab dich lieb, du brauchst keine Schuldgefühle zu haben.« Lassen Sie Ihr Kind wissen, daß es diese Liebe nicht verspielen kann. Solche unzweideutigen Aussagen werden Ihrem Kind helfen, ein Wertesystem zu etablieren, das auf der Moral gründet: Ein Kind kann böse auf seine Eltern sein und sie trotzdem lieben und von ihnen geliebt werden. Liebe und Groll schließen sich nicht gegenseitig aus, das eine entwertet das andere nicht.

Helfen Sie Ihrem Kind zu trauern
Möglicherweise wird Ihr Kind, wenn es die Schuldgefühle überwinden kann, traurig werden, weil es sich nun von einem Symptom gegenseitiger Abhängigkeit befreien muß, das für es bisher

einen Schlüssel zum Überleben darstellte. Es kann sich bei ihm das Gefühl einstellen, man ziehe ihm den Boden unter den Füßen weg. Sie sind dabei, die Rollen im Spiel Ihrer Beziehung zu verändern. Aber zum jetzigen Zeitpunkt wissen nur Sie, daß die Trauer um einen Verlust dazu beiträgt, ihn zu verarbeiten. Ihr Kind dagegen kann durchaus die Orientierung in seinen Gefühlen verlieren. Es braucht jetzt Ihre Geduld, Ihre Wahrnehmung und Ihre Weisheit, um den nächsten Schritt zu tun.

Übung: Ich bin o.k., du bist o.k.
In dieser Übung sollen Sie Ihrem Kind versichern, daß es in Ordnung ist, wenn es jetzt Verwirrung und Trauer empfindet. Darüber hinaus sollen Sie ihm versichern, daß es selbst in Ordnung ist. Erzählen Sie Ihrem Kind, was Sie gelernt haben über Verlust und Trauer. Betonen Sie, daß die Trauer eine gesunde, normale Erfahrung ist und daß Sie diese ebenfalls gemacht haben. Sprechen Sie mit Ihrem Kind über Ihre Erfahrungen und über seine. Lassen Sie es vor allem wissen, daß Sie es lieben und verstehen und daß Sie für es da sind und ihm helfen wollen, mit seiner Verwirrung, seinem Kummer und seinen Ängsten zurechtzukommen.

Übung: Tagebuch – eine Einführung.
Zeigen Sie Ihrem Kind, wie wertvoll es sein kann, seine Gefühle und Gedanken einem Tagebuch anzuvertrauen. Daß man daraus viel über sich selbst erfahren kann. Erzählen Sie ihm von mindestens einer Einsicht, die Sie auf diese Weise über sich gewonnen haben. Und fragen Sie Ihr Kind, ob es Ihnen auch etwas über seine Einsichten mitteilen möchte.

Helfen Sie Ihrem Kind, Mitgefühl zu entwickeln
Nach den bisherigen Übungen der dritten Phase kann Ihr Kind Sie jetzt bereits in einem breiteren menschlichen Zusammenhang sehen. Sie haben schon dazu beigetragen, daß Ihr Kind jetzt besser mit Ihnen und Ihrer gegenseitigen Abhängigkeit mitfühlen

kann, nicht zuletzt auch mit sich selbst und seiner ganzen Umwelt.
In den restlichen Übungen dieser Phase wird Ihr Kind mit Ihnen die Gefühle erforschen, die Ihrer gegenseitigen Abhängigkeit zugrundeliegen, und Ihr Kind wird etwas von Ihnen erfahren aus der Zeit, bevor Sie Vater oder Mutter wurden.

Übung: Zeigen Sie, daß Sie ein Mensch sind.
Zeigen Sie Ihrem Kind die Liste (Kapitel sieben), wo Sie aufgeschrieben haben, was Sie wirklich fühlten, wenn Ihr Kind mit Ihrem Verhalten nicht zurechtkam. Ist Ihr Kind überrascht, daß Sie machmal Angst haben oder traurig sind, genau wie das Kind selbst? Erzählen Sie ihm, warum Sie solche Gefühle haben. Helfen Sie Ihrem Kind zu entdecken, daß solche Gefühle bei ihm selbst und bei Ihnen ähnliche Ursachen haben. Zeigen Sie ihm, daß auch Sie (nur) ein Mensch sind.

Übung: Sprechen Sie über Ihre Vergangenheit.
Geben Sie Ihrem Kind die Biographien von sich und Ihren Eltern zu lesen, die Sie in der ersten und zweiten Phase geschrieben haben. Erzählen Sie Ihrem Kind, was Sie über sich und Ihre Eltern herausgefunden haben, wie sich Ihre Wahrnehmung verändert hat und wie und warum diese veränderte Wahrnehmung wiederum Ihr Leben bereichert hat. Bereiten Sie sich darauf vor, Fragen zu beantworten. Schlagen Sie Ihrem Kind vor, ähnliche Biographien von sich und von Ihnen zu schreiben und mit Ihnen hinterher darüber zu sprechen. Machen Sie ihm Mut, Sie und andere dazu zu befragen.

Vierte Phase: Die unterstützenden Eltern

In dieser letzten Phase können Sie lernen, als Eltern Ihr Kind in seiner Entwicklung zu bestätigen und zu unterstützen. Zunächst wird ein neues Eltern»modell« vorgestellt. Die nachfolgenden Übungen sollen Ihnen helfen, neue und zuträglichere Gewohnheiten zu entwickeln. Außerdem werden Sie eine neue Art, mit Ihrem Kind zu sprechen, kennenlernen, die seine Selbstachtung fördert statt sie zu unterdrücken.

»Du bist gut, ich mag Dich«

Einige Eigenschaften unterstützender Eltern haben Sie bereits kennengelernt und erfahren, als Sie gebeten wurden, zu sich selbst und Ihrem Kind ehrlich zu sein, und als Sie Selbstvertrauen bewiesen, indem Sie Ihre Verletzlichkeit zeigten und Ihrem Kind vertrauten, daß es diese Verletzlichkeit nicht gegen Sie ausnützt.

Unterstützende Eltern haben sich diese Verhaltensweisen zu eigen gemacht. So können sie gesunde, selbstbewußte, verantwortungsvolle Kinder erziehen, die sich in der Realität zurechtfinden, weil sie sich selbst leiden mögen. Sie mögen sich, weil sie stark genug sind, ehrlich zu sagen, was sie fühlen und glauben, und weil sie so sie selbst sein können. Solche Kinder sind ein Spiegel ihrer Eltern. Die Botschaft, die diese Eltern an ihre Kinder weitergeben, heißt: Du bist gut, ich mag Dich. Trotz aller Fehler und menschlichen Unzulänglichkeiten der Kinder.

Eine neue Sprache

Eine praktische Technik unterstützender Eltern sind ihre klaren, unterstützenden, mutmachenden Worte, die sich von denen ihrer gegenseitig abhängigen »Kollegen« deutlich unterscheiden. Die folgende Liste, erstellt von den Lehrern des Hacienda-La Puente School Districts, macht dies konkret:

- »Das finde ich toll, wie du das machst.«
- »Man sieht, daß du dir viel Mühe gegeben hast.«
- »Das ist bestimmt eine Enttäuschung für dich, aber ich weiß, du hast es wirklich versucht.«
- »Ich bin stolz auf dich.«

- »Das hast du sehr gut gemacht. Zeig mir, wie das geht.«
- »Du bist wirklich eine große Hilfe.«
- »Hab ich dir schon mal gesagt, daß ich dich sehr lieb habe?«
- »Ich respektiere deine Meinung wirklich.«

Dies ist die Sprache von Eltern, die Ihre Kinder wirklich respektieren und lieben. Unterstützende Eltern bestätigen Ihr Kind in seinen besten Fähigkeiten. Die folgenden Übungen sollen Ihnen helfen, diese Eigenschaft bei sich weiterzuentwickeln.

Drei Schlüssel zu einem intakten Familienleben

Ihre Befreiung von gegenseitiger Abhängigkeit wird sich entscheidend auf die anderen Mitglieder Ihrer Familie auswirken, ganz besonders auf Ihr Kind. So sollten Sie darauf gefaßt sein, daß sich die Dynamik in Ihrer Familie – in manchen Fällen drastisch – verändern wird. Doch es gibt natürlich keine allgemeingültige Formel dafür, wie dies im einzelnen vor sich geht. Forscher haben herausgefunden, daß es eine Reihe von Schlüsselfaktoren gibt, die sich in den meisten intakten Haushalten wiederfinden. Wenn Sie sie kennen, dann können Sie neue Gewohnheiten entwickeln und diese in Ihren Familienalltag integrieren. Drei der wichtigsten Faktoren[13] sind:

1. Klare Kommunikation,
2. Wertschätzung von Gefühlen und Meinungen,
3. Respektierung der Individualität.

Übung: Eindeutige und ehrliche Kommunikation.

Ihre Befreiung von gegenseitiger Abhängigkeit beruht auf und hängt ab von Ihrer Bereitschaft, mit einer vorherrschenden Gewohnheit gegenseitig abhängiger Eltern zu brechen: der Neigung, sich unklar auszudrücken, unehrlich zu sein und Botschaften zu vermitteln, die das Kind beschuldigen oder anklagen. In dieser Übung sollen Sie lernen, Ihrem Kind (und anderen) gegenüber eine neue Sprache zu sprechen, mit Hilfe von direkten »Ich-Botschaften«. Eine direkte »Ich-Botschaft« ist eine

Aussage, für die Sie die Verantwortung und »Urheberschaft« übernehmen. Zum Beispiel:

- »Ich weiß nicht, warum du dich so verhältst, und das irritiert mich.«
- »Ich freue mich sehr über dein Zeugnis.«
- »Es macht mich traurig, das zu hören.«

Von dieser Art zu reden können Sie vielfältig profitieren. Indem Sie sich zu Ihren Aussagen bekennen, signalisieren Sie Ehrlichkeit und Offenheit. »Ich-Botschaften« vermitteln Ihrem Kind präzise, welche Wirkungen sein Verhalten hat, statt diese Einschätzung seiner Phantasie zu überlassen. Für ein Kind ist es weniger bedrohlich, Sie einfach sagen zu hören, was Sie empfinden – gleichgültig, was das nun ist – als beschuldigt zu werden, diese Gefühle bei Ihnen zu verursachen. Daher handeln »Ich-Botschaften« direkt von dem (eventuell verletzenden) *Verhalten* Ihres Kindes im Unterschied zu seinem Charakter oder *persönlichen Wert*. Damit steht sein Selbstwertgefühl nicht in Frage. »Ich-Botschaften« implizieren, daß Sie Ihrem Kind vertrauen und es respektieren, weil Sie auf seine Bereitschaft vertrauen, Verhaltensweisen zu ändern, die sich gegen sein eigenes Wohlergehen und gegen andere richten. Solche direkten Botschaften helfen einem Kind auch, die Grenzen zwischen akzeptablen und nicht akzeptablen Verhaltensweisen zu verstehen.

Übung: Wertschätzung von Gefühlen und Meinungen.
Eltern, die die Gefühle und Meinungen ihrer Kinder respektieren, gestehen ihnen das Recht zu, das zu fühlen und zu glauben, was sie fühlen und glauben, was es auch sein mag, auch wenn diese Gefühle und Meinungen von denen der Eltern abweichen. Mehr noch, die Kinder werden ermutigt, ihre Gefühle und Meinungen bei der ersten passenden Gelegenheit zum Ausdruck zu bringen. Auf diese Weise können sich keine unterdrückten, ungeklärten oder unbemerkten Gefühle oder Mißverständnisse aufstauen. Eine solche Umgebung erlaubt es auch, positive

Gefühle, Erfahrungen und Verhaltensweisen umgehend zu bestätigen, was zur moralischen Verstärkung und zum Aufbau des Selbstwertgefühls beiträgt.
In dieser Übung sollen Sie zu genau diesem Zweck einen Familienrat einrichten, der regelmäßig tagt. Jedes Familienmitglied sollte dort die Möglichkeit bekommen zu berichten, was es gerade beschäftigt. Dabei dürfen keine Urteile gefällt werden. Mit Kommentaren sollten sich alle zurückhalten, bis jeder die Möglichkeit hatte zu sprechen.
Wenn Ihre Kinder noch Babies sind, dann beginnen Sie mit dem Familienrat mit Ihrem Partner, so daß Ihr Kind schon in frühem Alter diese Einrichtung kennenlernt. Auf lange Sicht wird sich die Beziehung zwischen Ihnen und Ihrem Partner dabei verbessern. Wenn Ihre Kinder bereits erwachsen und aus dem Haus sind, können Sie einmal pro Woche oder Monat mit Ihrem Kind zu diesem Zweck telefonieren.

Übung: Respekt vor der Individualität.
Unterstützende Eltern respektieren die Individualität ihrer Kinder, indem sie bei Meinungsunterschieden verhandeln statt totalen Gehorsam zu verlangen oder einen »Kompromiß« ohne die Beteiligung des Kindes zu bestimmen. Unterstützende Eltern akzeptieren, daß es legitime Unterschiede gibt. Konflikte sollten eher dadurch gelöst werden, daß man die Vereinbarkeit von Wünschen und gemeinsame Ziele statt der Differenzen betont.
In Ihrem Familienrat sollten Sie Ihr Kind unterstützen, sich eigene Ziele zu setzen, und es darüber hinaus an der Entwicklung gemeinsamer Ziele für die Familie beteiligen. Tauchen dabei Probleme auf, dann handeln Sie im Familienrat eine Lösung aus, die sich mit den klar formulierten individuellen und gemeinsamen Zielen, Prioritäten und Bedürfnissen vereinbaren läßt. Diese Vorgehensweise hat den bedeutenden Vorteil, daß alle Familienmitglieder an der Formulierung der Ziele jedes einzelnen Familienmitglieds und ebenso der Familie als ganzer beteiligt sind.

Daher werden alle ein rechtmäßiges Interesse daran haben, Konflikte so zu lösen, daß jeder so viel wie möglich profitiert.
Ihre Entscheidung, eine intakte Familie zu werden, ist ein großartiges Vorhaben. Mit diesem Buch und den darin enthaltenen Übungen haben Sie einen Befreiungsprozeß in Gang gesetzt, mit dem Sie Ihr Erbe gegenseitiger Abhängigkeit über Bord werfen können.
Dadurch sind Sie nun in der Lage, nicht nur Ihr Leben zu verändern, sondern auch das Ihrer Kinder und der folgenden Generationen. Auch wenn diese Aufgabe manchmal frustrierend und schmerzvoll ist, sollten Sie den Mut nicht verlieren. Der Weg, den Sie gehen, ist oft steinig, aber er lohnt sich immer.

Anhang

Anmerkungen

1 Der Begriff Co-Abhängigkeit kommt aus dem Amerikanischen und bedeutet gegenseitige Abhängigkeit, insbesondere von Eltern und Kindern, die die normalen, gesunden psychischen Ablösungsprozesse verhindert, so daß eine ungesunde, unfreie Bindung entsteht. Diese Bindung belastet beide Parteien oft ein Leben lang und verhindert, daß sie sich als unabhängige Erwachsene freiwillig und gleichberechtigt einander nähern können.
In diesem Buch ziehe ich den anschaulicheren Begriff der gegenseitigen Abhängigkeit dem Amerikanismus ›Co-Abhängigkeit‹ vor. [Anm. d. Übers.].
2 in ihrem Buch *Familienbehandlung*
3 *Parents Who Help Their Children Overcome Drugs*
4 in ihrem Buch *Familienbehandlung*
5 Amerikanisches Notensystem: Die beste Note ist A
6 Deutsch: Unabhängig sein. München 1990
7 Betäubungsmittel. (Anm. d. Ü.)
8 Baccalaureus: Amerikanischer akademischer Grad der niedrigsten Stufe
9 Amerikanische Eliteuniversität in Massachusetts
10 Übersetzt etwa: Wie helfe ich meinen Kindern, von Drogen loszukommen. Lowell House, Los Angeles 1989. In deutscher Sprache bisher nicht erschienen
11 vergleiche: Alice Miller: Das Drama des begabten Kindes. Frankfurt/M. 1979, S. 29
12 Rainer Maria Rilke: Briefe an einen jungen Dichter. Leipzig 1929
13 Diese Faktoren wurden übernommen vom Familienpsychologen Dr. Donald Cadagon (Essentials of a Healthy Family: Family Factors)

Literatur, die weiterhilft

Ashner, Laurie/Meyerson, Mitch: Wenn Eltern zu sehr lieben. Reinbek 1990
Beattie, Melody: Die Sucht, gebraucht zu werden. München 1990
Beattie, Melody: Unabhängig sein. München 1990
Black, Claudia: Mir kann das nicht passieren. Kinder von Alkoholikern als Kinder, Jugendliche und Erwachsene. Wildberg 1988
Bloomfield, Harold H.: In Frieden mit den Eltern. Reinbek 1985
Bradshaw, John: Mut zur Selbstverantwortung. München 1992
Farmer, Steven: Endlich lieben können. Gefühlstherapie für erwachsene Kinder aus Krisenfamilien. Reinbek 1992
*Forward, Susan:*Vergiftete Kindheit. Vom Mißbrauch elterlicher Macht und seinen Folgen. München 1990 (TB: München 1993)
Haley, Jay: Die Psychotherapie Milton H. Ericksons. München 1991[n]
Haley, Jay: Ablösungsprobleme Jugendlicher. Familientherapie – Beispiele – Lösungen. München 1988[2].
Leonard, Linda: Töchter und Väter. Heilung einer verletzten Beziehung. München 1988n (TB: Frankfurt/M. 1992[4])
Miller, Alice: Das Drama des begabten Kindes und die Suche nach dem wahren Selbst. Frankfurt/M. 1979 (TB: Frankfurt/M. 1983)
Rennert, Monika: Co-Abhängigkeit. Was Sucht für die Familie bedeutet. Freiburg 1990[2]
Satir, Virginia: Familienbehandlung. Kommunikation und Beziehung in Theorie, Erleben und Therapie. Freiburg 1988[7]
Schaef, Anne Wilson: Co-Abhängigkeit – nicht erkannt und falsch behandelt. Wildberg 1986 (TB: München 1992)

Thema: KINDER

Maya Schmitz-Peick (Hg.)

Wenn der Welt die Luft ausgeht

...und Kinder Angst vor der Zukunft haben

Patmos